The 24-Form Taijiquan

二十四式

Ershisi Shi Taijiquan

太极拳

U0129530

Popular Reading
大众普及本
Dazhong Puji Ben

◎主　编　温佐惠
◎动作示范　赵　诗

四川科学技术出版社

图书在版编目（CIP）数据

二十四式太极拳：大众普及本 / 温佐惠主编. --
成都：四川科学技术出版社，2024.2
ISBN 978-7-5727-0355-3

Ⅰ.①二… Ⅱ.①温… Ⅲ.①太极拳—基本知识
Ⅳ.①G852.11

中国国家版本馆CIP数据核字(2023)第046429号

主　　编　　温佐惠

出 品 人　　程佳月
责任编辑　　杨璐璐
助理编辑　　王天芳
装帧设计　　杨璐璐
校　　对　　王初阳
责任出版　　欧晓春
出版发行　　四川科学技术出版社
　　　　　　成都市锦江区三色路238号新华之星A栋25楼
　　　　　　官方微博 http://weibo.com/sckjcbs
　　　　　　官方微信公众号 sckjcbs
　　　　　　传真 028-86361756
成品尺寸　　170mm×230mm
印　　张　　7　字　数　160　千
印　　刷　　四川华龙印务有限公司
版　　次　　2024年2月第一版
印　　次　　2024年2月第一次印刷
定　　价　　38.00元
ISBN 978-7-5727-0355-3

邮购：四川省成都市锦江区三色路238号新华之星A栋25楼
电话：028-86361770　邮政编码：610023

编委会

主 编

温佐惠

动作示范

赵 诗

编 委

涂 平　刘 盼　宋绍鹏

李亚蒙　赵 诗　赵英杰

姬瑞敏

摄 影

爱新觉罗·华熔

目　录

第一章　二十四式太极拳概述

一、二十四式太极拳的由来和普及　　2

二、二十四式太极拳的特点与演练要求　　3

（一）二十四式太极拳的特点　　3

（二）二十四式太极拳的演练要求　　4

三、太极拳对人体的身心保健作用　　5

（一）心静体松，益脑健心——对神经系统的保健作用　　5

（二）柔和缓慢，舒筋活血——对心脑血管系统的保健作用　　6

（三）呼吸绵绵，调气益肺——对呼吸系统的保健作用　　6

（四）意行气行，强健筋骨——对运动系统的保健作用　　7

（五）促进消化，预防便秘——对消化系统的保健作用　　7

（六）体悟太极，陶情养性——对身心健康的保健作用　　7

第二章　二十四式太极拳学练阶段的目标及内容

一、二十四式太极拳学练三个阶段所要达到的目标及技术内容　　10

（一）第一阶段——基础阶段　　10

（二）第二阶段——熟练阶段　　12

（三）第三阶段——自如阶段　　13

二、练习二十四式太极拳的注意事项　　15

第三章　二十四式太极拳的基本动作和技术要领

一、主要身型、身法、眼法　　18

二、主要手型　19

三、主要步型　20

四、主要手法　23

五、主要步法　27

六、主要腿法　28

七、基本桩法　29

八、单学单练　30

第四章　二十四式太极拳动作名称及分解动作

一、二十四式太极拳动作名称　　34

二、二十四式太极拳分解动作　　35

预备势　　36

第一组　第一式　起势　37

　　　　第二式　左右野马分鬃　38

　　　　第三式　白鹤亮翅　44

第二组　第四式　左右搂膝拗步　46

　　　　第五式　手挥琵琶　52

　　　　第六式　左右倒卷肱　54

第三组　第七式　左揽雀尾　　59

　　　　第八式　右揽雀尾　　64

第四组　第九式　单鞭　　69

　　　　第十式　云手　　71

　　　　第十一式　单鞭　　75

第五组　第十二式　高探马　　77

　　　　第十三式　右蹬脚　　79

　　　　第十四式　双峰贯耳　　81

　　　　第十五式　转身左蹬脚　　83

第六组　第十六式　左下势独立　　85

　　　　第十七式　右下势独立　　87

第七组　第十八式　左右穿梭　　90

　　　　第十九式　海底针　　93

　　　　第二十式　闪通臂　　94

第八组　第二十一式　转身搬拦捶　　96

　　　　第二十二式　如封似闭　　100

　　　　第二十三式　十字手　　102

　　　　第二十四式　收势　　104

二十四式太极拳动作路线示意图　　106

第一章

二十四式太极拳概述

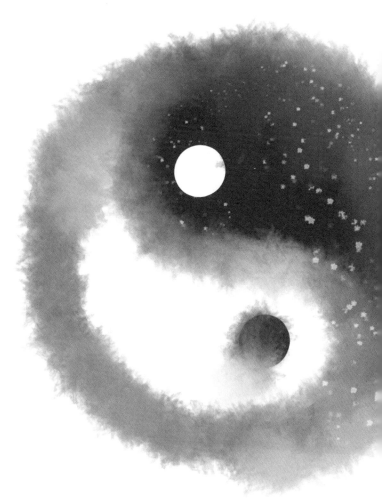

一、二十四式太极拳的由来和普及

太极拳源远流长，流派众多。以陈式、杨式、吴式、武式、孙式为代表的太极拳已为广大群众所熟知。中华人民共和国成立后，党和人民政府高度重视群众体育的发展，高度重视传统武术的传承。

1952 年，中央体委①成立后，把武术列为重点项目，并设置了民族形式体育研究会，根据"百花齐放、推陈出新"的方针，负责武术等民族形式体育项目的挖掘、整理、继承和推广工作。

1954 年，国家体委②制定了武术要"挖掘、整理、研究、提高"的方针，成立了武术研究室，决定从太极拳入手，编写一套统一规范的武术教材为普及群众性武术运动创造条件。为此，国家体委有关部门邀请了太极拳各路名家共同研讨，撰写了精简太极拳的初稿，其内容主要由太极拳各流派的代表动作选编组成。初稿公布后，终因反映内容不够简明，广泛普及比较困难而未能推广。

1955 年，国家体委组织太极拳专家再次进行研究，决定以当时在群众中流传最为广泛的杨式太极拳为基础，按照"简练明确、易学、易练、易于推广"的原则，保留太极拳的传统风貌，突出太极拳的群众性和健身性，选择其主要内容进行重新编排。根据上述原则，专家对杨氏太极拳原有套路先难后易的锻炼顺序进行了调整，对重复动作进行了删减和改编。

1956 年，经过征求意见、反复修订，中华人民共和国第一部由国家体育主管部门创编、审定的武术普及套路——《简化太极拳》正式公布，其后又出版了挂图，受到广大群众的喜爱。自此，全国出现了推广普及简化太极拳的热潮。

①　中央体委：中央人民政府体育运动委员会的简称，国家体委前身。
②　国家体委：中华人民共和国体育运动委员会的简称，国家体育总局前身。

1957 年，国家体委有关部门举办了武术学习会。在会上，对包括简化太极拳在内的第一批国编武术套路进行了推广学习，其后举办了"全国教练员简化太极拳培训班"，为进一步在全国范围内普及简化太极拳打下了基础。

1973 年 2 月，由国家体委运动司编写的图书《简化太极拳》出版。

简化太极拳以其易学、易练、易记的特点赢得了亿万太极拳爱好者的追捧和越来越多群众的喜爱。因简化太极拳整个套路只有 24 个动作，故又被称为"国家规定太极拳套路二十四式"或"二十四式太极拳"。

二十四式太极拳的普及，拓展了太极拳发展空间的广度和深度，促进了二十四式太极拳走出国门、走向世界，成为各国太极拳爱好者的初级入门教材。据保守估计，自二十四式太极拳公布之日起，现已被 100 多个国家的 10 多亿人学习和掌握。

随着二十四式太极拳的普及，太极拳这项古老的体育运动焕发出青春活力，从真正意义上走进了广大群众的生活，使亿万群众从此认识、享用它独具特色的健身魅力。在当今快节奏的信息化社会中，简单易行的二十四式太极拳已成为更多人强身健体的选择。

二、二十四式太极拳的特点与演练要求

（一）二十四式太极拳的特点

二十四式太极拳，既保留了传统太极拳的风貌，又突出了太极拳的健身性、群众性和普及性的特点，展示了强大的生命力，主要表现在以下几个方面。

1. 简单易学，老少皆宜

二十四式太极拳全套规定动作分 8 组，24 个动作，动作重复少，简单易学，老少皆宜，舒展大方，易于推广。

2. 练习时间短，对场地要求不高

二十四式太极拳的全套动作练习时间一般只需要 5 ~ 6 分钟，约为传统套路所需时间的1/4或1/3，适合人们在较短的闲暇时间练习，对练习场地要求不高，在环境宜人的室外平地和空气流通的室内都可以进行。

3. 避免了重复动作

二十四式太极拳在动作编排中，对原有过多的重复动作进行了删减和改编，既保留了传统太极拳的主要技术内容和基本规格要领，又避免了传统套路中半数以上为重复动作的现象。

4. 由浅入深，循序渐进

二十四式太极拳整套动作按照由易到难、由简至繁、由浅入深、循序渐进的原则编排，如直进动作安排在最前面，后退和侧行动作安排在其次，蹬腿、下势、独立动作和较复杂的转身动作安排在最后。

5. 动作全面，锻炼均衡

二十四式太极拳的重点动作增加了左右势的对称练习，如增加了右下势、左揽雀尾等动作，避免了传统套路中只有左下势、右揽雀尾的偏重现象，使习拳者身体各部位的关节和肌肉都能得到充分拉伸，起到了全面锻炼的作用。

综上所述，二十四式太极拳作为传统太极拳的演化与简化形式，对年龄、性别没有限制，强身健体的特点和优势突出，现已成为很多初学者学练太极拳的入门套路，我国许多高职院校也选此套路作为体育课的必修或选修课程。

（二）二十四式太极拳的演练要求

1. 动作柔和，舒展大方

二十四式太极拳在动作姿势上继承了杨氏太极拳动作柔和缓慢、姿态舒展大方的特点，熟练地演练二十四式太极拳，可以起到姿态飘逸、韵味无穷的效果。

2. 中正安舒，动作连贯

练二十四式太极拳讲究中正安舒、动作连贯。练拳时要求把身体调整得稳定舒适，每一个姿势都要保持上身中正，身体不可左右摇晃。"上动之末，便为下动之始"，练拳时动作要连贯流畅，上一个动作的结束便是下一个动作的开始。从第一式的"起势"到最后的"收势"，恰如行云流水、连绵不断，势势有招、招招有势，连贯自然。

3. 平稳圆活，呼吸自然

有人总结太极拳的步法是，"迈步如猫行，如履薄冰"，这就要求练拳者在身体中正舒适的状态下，保持身体重心（本书称为"重心"）稳定。只有做到稳定，迈步才会轻巧、踏实，才能使下肢得到有效的锻炼。练太极拳更讲究呼吸配合动作，呼吸自然不可做作，练拳时才会自然调理气息，达到应有的健身效果。

三、太极拳对人体的身心保健作用

太极拳是我国传统养生文化优秀代表之一。长期的实践证明，练太极拳除了可以增强人的体质外，对一些慢性疾病也有一定的辅助治疗作用。人在练太极拳的过程中，不仅需要全身各个肌肉群、关节的配合，还需配合均匀的深呼吸与膈肌运动。这些运动对增强人体心肺功能有良好作用。在练拳过程中，要求练拳者做到心静，这对中枢神经系统有良性影响，进而给其他系统和器官的功能活动打下良好基础。"动以养身，静以养心"说的就是这个道理。

经调研发现，练太极拳对人有着不可小视的防病作用。通过"详推用意终何在，延年益寿不老春"的拳谚可知，常年坚持练太极拳的中老年人，无论是在心血管系统、呼吸系统、骨骼系统，还是在基础代谢功能等方面，都比不练拳的同龄人要好。太极拳同样适合体弱者和部分轻症患者练习。建议选用适合自己的单式和招式，通过自然深沉的呼吸和意念来调节自身的阴阳平衡。只要持之以恒，就能达到增强抗病能力、增强体质的效果。

练太极拳对人体身心健康的影响和保健作用主要表现在以下六个方面。

（一）心静体松，益脑健心——对神经系统的保健作用

经常练太极拳的人会感觉神清气爽、精神焕发，反应也灵敏。这是因为太极拳的动作本身，就需要练拳者由眼及手，由躯干到双腿、到脚步相互照应毫不散乱。练太极拳讲究心静体松。心静便可用意，由意导体，即利用意念来支配动作，让人在练拳时摒除杂念，思想主要集中在动作招式上，从而使神经系统进入保护性抑制状态。在练拳过程中，连绵不断的动作让人要做到全身协调、上下照应、动作完整、一气呵成，需要大脑对动作有较高的调节能力、支配能力和平衡能力，在一定程度上对中枢神经起到了训练作用，从而提高了中枢神经系统的紧张度，活跃了身体其他系统与器官的功能，增强了大脑的调节能力，同时，练拳过程又让肌肉的舒张与收缩能够很好地交替进行，比如做"转身搬拦捶"等动作。只要长此以往，坚持练习，便可锻炼大脑的灵活性与均衡性，从而提高神经系统的协调能力，对神经系统起到一定的保健作用。

随着社会的发展，患现代文明病的人越来越多。工作忙碌，生活压力大，使人的大脑处于持续的紧张状态，久而久之便会引起各种疾病，而太极拳是预

防这类文明病的极好运动。练拳时，内心的"静"会使人的大脑得到充分放松，这对改善大脑功能、缓解疲劳、调节神经系统的兴奋与抑制活动都有助益。经常练太极拳的人，在一定程度上可以增强对周围环境的感应能力和反应能力，精神状态和情绪也会得到改善。如果持之以恒练习太极拳，最终会让练拳者受益匪浅。

（二）柔和缓慢，舒筋活血——对心脑血管系统的保健作用

太极拳动作柔和缓慢、轻灵平稳，动作基本趋于一个节奏——匀速平缓。练拳时，人的动作受到中枢神经活动的支配，会对人体的心血管系统产生积极的影响。太极拳运动本身，就包含了全身肌肉和关节的活动以及有节律的呼吸。这些有规律的伸展和收缩活动，可以增强全身的血液循环，促进静脉血液回流。练拳过程中的自然呼吸，可以加强心肌收缩力，对人的中枢神经系统起到调节作用，使心肌血流量得到改善，对动脉硬化和心脏疾病有一定的预防作用。练拳还能减小血液对血管壁的冲击，使血管弹性增强，让血压维持在稳定的水平。研究表明，长期坚持练习太极拳，能有效地改善心脑血管系统的功能。练过一段时间太极拳的人，尤其是老年人，比不练太极拳的人在血压和心脏功能方面都有明显的良性改善。

（三）呼吸绵绵，调气益肺——对呼吸系统的保健作用

太极拳运动是在心静意念的引导下进行细缓深长的节律性呼吸锻炼。在不增加心脏额外负担的情况下，使肺通气量增加，使肺功能得到加强，使气体交换能够充分进行，肺组织必然向强健方面转化。

练拳时，把胸式呼吸与腹式呼吸有机地结合起来，随着每个招式的"起吸落呼""开吸合呼"，"起"与"落"、"开"与"合"都伴随着呼吸运动。吸气时胸廓容积增大，肺组织的弹性增加，通气量增大。据调查，膈肌每下降1厘米，通气量便可增加300毫升，从而对心肺及脏腑产生良好的按摩保健作用。经常练太极拳的人，胸部呼吸肌及膈肌有力，肺组织弹性好，肋软骨骨化率低，肺活量比没有练过拳的同龄人为高，通气量也比没练过拳的同龄人为大。对患有慢性支气管炎和肺气肿的人来说，适当练太极拳可以缓解症状。

（四）意行气行，强健筋骨——对运动系统的保健作用

长期练太极拳，对人体的脊柱、骨骼、肌肉和关节的保健作用是显而易见的。脊柱是人体的支柱。太极拳讲究"虚领顶劲""立身中正"，要求练拳时"含胸拔背"，强调脊柱在运动中的对拔拉伸作用，用意念使脊柱有明显的对拉感觉，从而有效地锻炼骨骼肌，有利于把体内的营养物质通过血液循环输送到骨内，增加骨质密度，预防骨衰老，减小骨折的发生概率。练拳时所强调的全身"由脚而腿而腰总须完整一气"，表明太极拳许多动作是以腰部为轴，由躯干来带动四肢进行活动的。通过运动，既对脊柱的组织结构起到了保护作用，还对人的腰部、四肢和各关节部位起到了锻炼作用，比如，太极拳中"云手"中的"眼随手走"动作，不但活动了眼部肌肉和颈部肌肉，还使肩关节得到了活动和锻炼；再比如，练太极拳能有效地锻炼下肢的力量，长期练太极拳的人，骨骼肌正常受力，腿部肌肉力量增强，重心平稳，支撑脚有力。相关调查证明，经常练太极拳的人，骨骼的柔韧性以及关节的灵活度较不练拳的人要好许多。现在很多人平时不注意站姿与坐姿，或由于长时间坐着不动而造成腰椎间盘脱出及颈椎、腰椎骨质增生，如果能练练太极拳，可以明显改善脊柱受累的状况。

（五）促进消化，预防便秘——对消化系统的保健作用

练太极拳对神经系统的活动能力有明显的提高作用，这种积极作用又可以影响人体的消化系统功能。太极拳的呼吸运动对胃肠道起到的机械刺激作用，也能改善消化道的血液循环。绵绵不断、动静交替的运动对人体消化器官也可起到轻抚按摩的作用，可预防某些因神经系统功能紊乱而产生的消化系统疾病。呼吸运动对胃肠道的机械刺激，使消化道的血液循环产生良性改善，可促进消化，预防便秘，这一点对老年人来说是很重要的。

（六）体悟太极，陶情养性——对身心健康的保健作用

"缓和连贯，不燥不急，刚柔相济"是太极拳传统文化在行拳中的体现。练太极拳除了可以增强体质外，对人的心理健康也有不可低估的作用。太极拳强调精、气、神的内养，尤其重视体能的锻炼。在练拳过程中，需要排除一切杂念，思想集中，使人的整个身心处于平静状态，使内在有益之气充盈并传导

到身体的各部位。我们常见到这种情况，经常练拳的人往往对此运动兴趣浓厚。这是因为在练拳的过程中以及练拳完毕，会让人有神清气爽、心情愉悦、周身舒畅的感受。

从练习套路来讲，要做到意念、呼吸和动作协调配合的"内外统一""劲力完整"并不难，具体来说是指在"运劲"（用力）过程中，在动作连贯、协调、圆活的基础上掌握"运劲"规律，做到力量连绵不断，刚柔相济。只要经常练习，就能放开心境，让身心舒压放松，真正达到防病健身，养心养生，延年益寿的目的。

太极拳运动不仅可以使人消除心理疲劳，让人脱离紧张情绪，使人开朗、乐观，还能培养人持之以恒、沉着、冷静的品格，有助于克服意志薄弱、散漫、浮躁等不良习惯。如果能在绿树成荫的环境中练拳，在不影响旁人的前提下，配上悠扬典雅的传统乐曲，让整个练拳过程沉浸在优美的环境中，会让人的整个身心得到充分的放松和享受。

综上所述，太极拳是一种合乎人体生理规律，轻松柔和的健身运动。太极拳不仅能强身健体，还能修身养性。从这个意义上讲，太极拳可以称得上是一项值得推广、普及的体育运动。

参考文献

［1］ 中华人民共和国体育运动委员会运动司.太极拳运动［M］.北京：人民体育出版社，1962：1–54.

［2］ 王丽娟.太极拳锻炼对老年人心血管功能影响的探讨[J].中国医药导报，2009，6（6）：155–156.

第二章

二十四式太极拳学练阶段的目标及内容

二十四式太极拳与传统太极拳套路相比，内容有所精简，利于普及大众。二十四式太极拳有自身的技术内容和基本套路，无论男女老少，只要做到规范演练，坚持不懈，在健身方面的作用与传统太极拳是相同的。应该注意的是：运动量的大小是通过套路拳架的高低和动作的准确度来实现的，练拳者应该根据自身身体状况对运动量的大小进行自主调节。

学练二十四式太极拳有一个循序渐进的过程，初学者一般要经过三个阶段——第一阶段：基础阶段；第二阶段：熟练阶段；第三阶段：自如阶段。每个阶段的练习目标、技术内容以及要注意的事项虽然都不尽相同，但只有一个要点贯穿练拳的始终，这就是"心静体松"。"静"和"松"体现了太极拳运动的特点，也是练好二十四式太极拳、提高健身效果的先决条件。

一、二十四式太极拳学练三个阶段所要达到的目标及技术内容

（一）第一阶段——基础阶段

练习目标：动作规范，打好基础。

技术内容：心静体松（肢体放松，呼吸自然）。

动作规范（形体端正，姿势准确）。

重心稳定（上体端正，下肢稳定）。

舒松轻匀（张弛有度，轻缓柔和）。

1. 心静体松（肢体放松，呼吸自然）

俗话说"心不静，动则乱"。心静体松是太极拳运动特点所决定的最基本的要求，并贯穿于学练太极拳的始终。初学者从一开始练拳就要养成好习惯。

"心静"要求从"起势"开始就要做到专心致志，心无旁骛，全神贯注。"体松"要求在练拳过程中尽量做到关节松沉，含胸拔背，沉肩坠肘，松腰落胯，呼吸自然。通过身体的"松"来求得内心的"静"。"松"不能像老虎没有骨头的样子，要做到松而不懈，轻灵而不漂浮，沉着而不停滞。有的人边练拳边思考与练拳无关的事，还有的人练拳时使用过多的气力（拙力），这些行为都容易使大脑处于紧张状态，导致肌肉紧张，直接影响锻炼效果。

2. 动作规范（形体端正，姿势准确）

太极拳对身体各部位有严格的要求。第一阶段就要重点学练"型""法"基础，即从身型、手型、步型，身法、手法、步法、腿法、眼法等基础技法入手，使其符合规范；弄清楚每个动作的要领、含义、虚实关系、方向和路线走向，避免错误定型。宁可每次少学一点，力求做得更准确一点，把基本功练得扎扎实实。

初学者在练拳过程中，应保持上体自然正直，肩胯自然放松。只有形体端正，姿势准确了，才能做到动作舒展柔和，腿脚支撑稳定。初学者应认真领会虚领顶劲、腰脊中正、含胸拔背、沉肩坠肘、松腰敛臀等身法的含义，及时纠正和克服耸肩、弯腰、驼背、扭胯、仰俯歪斜、左右摇晃等不好的习惯。

3. 重心稳定（上体端正，下肢稳定）

二十四式太极拳动作的重心升降不明显，步法移动多靠一条腿微屈支撑以保持重心稳定。要使动作做得舒展，就必须保持上体端正和下肢的重心稳定。当一腿支撑，另一腿提起移动迈步时，不仅加大了运动量，也体现了太极拳轻灵沉着，步法稳固、犹如猫行的特点，要做到这些，绝非一日之功，因此，初学者应该把每个动作的重心变换、腿部支撑转换等要领弄清楚，在掌握基本步型（弓步、虚步、仆步等）、步法（进步、退步、侧步等）的前提下，根据自身情况，进行腿法（分脚、蹬脚、踢腿等）及腰部的柔韧性单项练习，以增强下肢的支撑力量，有利于运动中的重心稳定。

4. 舒松轻匀（张弛有度，轻缓柔和）

二十四式太极拳的动作特点是舒松轻匀，轻缓柔和，沉着自然。初学打拳时，动作可以慢一些、柔一些，用力轻一些。在力求动作准确、重心稳定的前提下，尽量把动作做得舒松、大方、自然。当然，动作的"慢"也不是越慢越好，要匀速进行。初学者经常有动作不熟练或记不清的情况，可以在动作转换间略作停顿，边想边做；待动作熟练后，就要努力保持相对的匀速运动，起落转换尽量不要出现忽快忽慢、忽轻忽重的现象。另外，拳架高低和运动量大小直接相关。初学者可以根据自身身体状况对拳架高低进行调整，如身体好的人可先打中、高拳架，熟练后可打低拳架；老、弱者练拳可打高拳架。切忌在一个套路中拳架忽高忽低、忽轻忽重，力求姿势张弛有度、轻缓柔和、流畅缓慢，为下一阶段的练习打下良好的基础。

（二）第二阶段——熟练阶段

> **练习目标：**连贯动作，体现特点。
> **技术内容：**连贯完整（衔接动作，一气呵成）。
> 协调自然（协调自然，上下相随）。
> 圆活柔顺（弧形而出，弧形而回）。

1. 连贯完整（衔接动作，一气呵成）

第二阶段，要求初学者在第一阶段分解练习的基础上，将太极拳整套技术动作连贯、完整地串接起来，做到全神贯注，意念集中，动作熟练，姿势正确；做到衔接动作，自然协调，一气呵成；做到进退转换虚实分明，步法沉着稳健，上一个动作结束便是下一个动作的开始，不允许中途"断劲"（即练拳中出现手脚不协调以及转换生硬、忽轻忽重等现象）。用心体会二十四式太极拳的节奏感和运动特点。

2. 协调自然（协调自然，上下相随）

太极拳是一项全身性运动，要求练拳时身体各部位始终保持协调自然，上下相随，手法、眼法、身法、步法相互配合，周身形成一个整体，如"云手"动作，就动用了双眼、两臂、腰脊、两腿、两脚在同一时间内分别运动，形成了一个相互牵连，需要密切协调配合的全身运动。初学者稍不留神，这个协调就会被打乱而变得手忙脚乱。因此，第二阶段要求初学者熟记全套动作，在整个练拳过程中摒除杂念，完整演练，不可松懈间断。

3. 圆活柔顺（弧形而出，弧形而回）

用"圆则活，方则滞"来形容太极拳的练习要领再贴切不过了。太极拳为圆转之拳，动作是以各种弧形、曲线为基础构成的，处处强调圆弧运动。掌握了太极拳圆活柔顺的特点，就能在动作上处处留意，做到弧形而出、弧形而回。初学者要特别注意体会太极拳以腰脊带动四肢进行活动的特点，如腰和臂的旋转，是以腰为轴带动四肢，以臂为轴牵引两手，使手脚动作和躯干动作协调配合。掌握沉肩坠肘、屈膝松胯等要领，有意识地避免动作直来直往、转死弯、拐直角的现象。

（三）第三阶段——自如阶段

> **练习目标：** 以意导体，练意练劲。
> **技术内容：** 刚柔相济（虚实分明，上下相随）。
> 　　　　　　劲力完整（连绵不断，完整一气）。
> 　　　　　　以意导动（以气运身，意行气行）。
> 　　　　　　调节呼吸（循序渐进，因人制宜）。

1. 刚柔相济（虚实分明，上下相随）

"虚"与"实"存在于太极拳的每个动作中。从太极拳套路的整体来分，动作变化的过程称为"虚"，动作完成及定势称为"实"；从局部来分，移步变换及辅助支撑的腿脚称为"虚"，支撑身体的腿脚称为"实"。"实"的动作行拳时要求有力、沉稳，外形表现为"刚"；"虚"的动作行拳时要求轻灵、含蓄，外形表现为"柔"。在太极拳运动中，"虚"与"实"总是处在不断的转化之中，如身体重心的左右交替，气息的内外交换，身法的进退，脚步的虚实等。练拳时应着重理解体会虚实的含义：重心在蓄劲、发劲的过程中应有明确的虚实、虚实转化灵活，过渡转换自然；动作中虚中有实，实中有虚；整套拳演练做到虚实完整。

初学者在运动过程中要有意识地将一招一式的虚实转换做到位，既要注意虚实分明，又要上下相随，连贯不停，做到势断意不断，张弛有度，一气呵成。如果虚实变化不清，容易出现动作迟滞、重心不稳和身体左右歪斜的现象。

2. 劲力完整（连绵不断，完整一气）

第三阶段，要求初学者在思想集中、动作连贯的基础上掌握劲力运用规律，使劲力连绵不断，完整一气。太极拳发力于腰腿，贯注于指尖。以腰脊为轴，使之上下连成一体，才能全身协调，让动作充满张力，体现出太极拳的精、气、神和气势。初学者在运动过程中往往把注意力放在双手的动作变化上，而忽视了腰腿的劲力运用，容易发生断劲和周身劲力不贯穿的现象。行拳中不断劲，才能表现为外形安然飘逸，身型柔中带刚，拳法刚柔相济，腿法轻灵沉稳，起转柔中求劲，力量连绵不断。

3. 以意导动（以气运身，意行气行）

"以心行气，以气运身"。太极拳的一招一式，都是以意念为主导，引动内气、催动外形，是内外相合的杰作。太极拳的"意"因各阶段的训练目的不同而不同。"意专一至极就是神"，对初学者来说，在练"意"阶段，练"意"就是练心，就是养成专注的习惯。在练"意"之时，应心若止水，摒除一切杂念和外界干扰。如果心不静，则不练，否则起不到养身保健的作用，反而对身体有害。太极拳要求"先在心，后在身"，初学者在练拳过程中采用"一念代万念"的练"意"方法，是非常有效的。

当套路纯熟以后，初学者就要把意念转到运力上，使意念在身体内部流转贯穿，以意导动，意到劲到，意气相随，逐渐达到"心与意合，意与气合，气与力合"的"内三合"状态；其后化掉全身的拙力，产生柔劲和整劲，逐步达到"手与足合，肘与膝合，肩与胯合"的"外三合"状态。

4. 调节呼吸（循序渐进，因人制宜）

在太极拳练拳过程中，根据个人锻炼的体会和需要，要求练拳者循序渐进、有意识地掌握和运用不同的呼吸方法。一般来说，学练者会经历以下几个阶段。

自然呼吸阶段：即采用自己平时最自然的呼吸方式。一般初学者练拳时应该采取这种呼吸方法。

呼吸意识引入阶段：指在自然呼吸的基础上，适当引入拳势呼吸的意识，让呼吸与动作逐渐相配合。当练拳者已经能够做到协调完整、连贯圆活、和谐流畅地演练整套拳时，就可以对一些简单的动作和开合明显的动作进行呼吸与配合的练习。

拳势呼吸阶段：拳势呼吸是太极拳行拳时的一种呼吸方法，即"呼""吸"与拳势的开合、收放相结合。具体包括"起吸落呼""开吸合呼"等运用。一般来说，要求在做肩胛开放、胸腔舒张的动作时，就应该有意识地吸气；在做肩胛内合、胸腔收缩的动作时，就应该有意识地呼气。每一个明显的"开"与"合"、"起"与"落"都要伴随着深长细匀的"呼"和"吸"，以推动腹肌和膈肌运动。拳势呼吸的运用是练拳达到一定程度而形成的一种呼吸方法，是呼吸与动作的紧密结合方式，需要长期的潜心练习才能水到渠成。

以上呼吸方法的运用并不强求每个人做，每个动作都做，要根据个人的具体情况、练拳的熟悉程度灵活掌握。在练拳过程中，呼吸方法的运用要循序渐进、因人制宜，如自己在练拳中感到呼吸与动作难以结合，仍然可以采用自然呼吸方式，这样才能保证呼吸与动作的协调顺畅，符合太极拳"气以直养而无害"的原则。即便同是练习二十四式太极拳，不同年龄、不同体质的人，在呼吸次数、深度上都不可能一致，不同的太极拳套路更是如此。体质弱者在练拳时更应该注意保持呼吸的自然顺畅，不可违背呼吸的自然规律生搬硬套，以免伤及身体。

二、练习二十四式太极拳的注意事项

1. 宁少求精，循序渐进，持之以恒

太极拳运动的功效与练习的质量密切相关，如果没有正确的姿势和动作，是很难收到健身和体疗功效的，所以，宁可每天少学一点，动作做得标准规范一点，循序渐进、持之以恒，才能进步快、收效大。

2. 练拳的时间、地点、衣着和注意事项

练拳的时间最好安排在气温适宜，无雾霾的清晨、下午和傍晚。工余和课余时间是人们进行太极拳锻炼的好时机。空气新鲜的公园平地等安静环境都是练拳的适宜场地。如果在室内，可选择空气流通的稍大房间。练拳时，衣着宜宽大、柔软。为方便运动，应穿防滑软底鞋或轻巧的运动鞋。天冷时，要注意保暖，防止感冒；天热时，练拳完毕要擦干汗水。练拳后应稍微休息一会儿，半小时内不要吃饭，以免加重胃肠道负担。

3. 准备活动和放松活动

许多人认为，太极拳运动节奏柔缓，不需要练拳前的准备活动和练拳后的放松活动，其实不然。太极拳虽然远不如其他体育运动来得剧烈，但在四肢关节微屈的情况下做缓慢的动作，还是有一定运动量的，所以，在练拳前后，必须要做好准备活动（包括生理准备、心理准备）和放松活动，有始有终，才能收到理想的效果。

生理准备：是使人的运动器官从相对静止状态进入运动状态。可以通过慢跑、做广播体操、站桩、压腿等热身活动把肌肉、关节、韧带、腰腿活动开。准备活动强度要小，但要全面而充分。

心理准备：消除紧张或兴奋的情绪，使心情保持平静，思想集中，尽快入静。

放松活动（整理活动）：每当练拳完毕，为了使运动器官恢复平静，消除疲劳，可以采取做放松体操、散步、活动性游戏、按摩等活动来进行放松，以避免打拳后肌肉持续紧张、膝关节过度疲劳。有人练拳后习惯马上坐下来休息或站立静止不动，这样做会导致血液循环受阻，回流不畅，可能引起头晕、头痛。这种不好的习惯应该立即改正。

4. 掌握适当的运动量

运动量的大小与练拳时间的长短、拳架的高低、动作的准确程度相关，要因人而异灵活掌握。健康的人一次可连续打两趟拳；老年人和体弱者要根据自己身体状况调整运动量，可打一趟拳或单练一组，也可以单练几个招式；患有伤病的人要控制运动量，循序渐进。练完拳后感到全身轻松舒服，说明运动量大小适宜；反之，则说明运动量过大，应该减小运动量。

5. 掌握拳架高低

二十四式太极拳的拳架高低主要由练拳者自己掌握。一般做"起势"时就可以确定整套拳架的高低，应根据练拳阶段和身体状况调整好。初学者可以打中拳架，熟悉后可以尝试打低拳架，体弱者最好打高拳架。无论打哪种拳架，整套动作的拳架不可忽高忽低。

6. 掌握打拳的速度

打完一套二十四式太极拳，正常速度是 5 ~ 6 分钟，有快到 4 分钟打完的，慢也有 8 ~ 10 分钟打完的。初学者一般动作不熟，会先想后做或边想边做，甚至中途还可能有小的停顿，所以打拳的速度宜慢不宜快。慢的好处是能够照顾到每个动作的细节，容易做到心静体松，同时可以保持重心的稳定，还可以及时检查和纠正动作。待动作熟练以后，就可以稍快一些。无论打拳的速度快与慢，都要求整套拳匀速运动，不能忽快忽慢，应自始至终保持气势完整、动作连贯。

7. 学会调整呼吸

初学打拳时，上身肢体要保持放松状态，不用紧张，只需要注意保持自然呼吸就行。动作非常熟练后，可以有意识地按照拳势呼吸（"起吸落呼""开吸合呼"等）的要求，使呼吸与动作协调配合，呼吸的深浅程度可以因人而异。有些人习惯用腹式呼吸，有些动作就可以尝试用深呼、深吸的方法，比如做"起势"；有些动作则可以尝试用缓慢、匀速、深长的呼吸方法，比如做"倒卷肱""退步推掌"；有些动作可以采用自然呼吸的方法。只有根据具体情况来调整呼吸，才能保持胸廓的活动度，增加肺活量，达到强身健体的目的。

8. 全面锻炼，补充调配

任何健身运动都存在一定的局限性。太极拳最明显的局限是缺少上肢的力量性活动和身体的无氧锻炼。为了使身体全面发展，有条件、有能力者可以选择适当的其他运动形式加以补充和调配。

第三章

二十四式太极拳的基本动作和技术要领

二十四式太极拳对身型、身法、眼法、手型、步型、手法、步法、腿法、桩法、单学单练等都有一定的要求,初学者很好地掌握这些基本动作和技术要领,对练好太极拳有很大的帮助。

一、主要身型、身法、眼法

1. 身型

头:虚领顶劲,下颌微内收,头顶百会略向上,头不可偏歪摇摆。

颈:颈项自然竖直,保持自然状态,肌肉不要紧绷。

肩:两肩平稳、端正、松沉,不可耸肩、后展或前扣。

肘:自然下坠,肘不可僵直。

胸:自然舒松,略向内含,不可挺胸和内扣。

背:自然舒展,拔伸,不可驼背。

腰:腰要松、直、沉,臀部稍作内收,腰松沉自然,不可前挺或后弓。

脊:尾闾中正,自然竖直,脊不可左右歪扭。

臀:臀部向内收紧,不可摇摆、突出或撅起。

胯:圆裆松胯,胯不可僵挺。

膝:双膝屈伸自如,膝不可板直。

脚:两脚平踏地面,全身放松,不可翘脚掌、翘脚跟。

2. 身法

练习二十四式太极拳,须遵循"身法八要"的基本要领,即含胸、拔背、裹裆、护臀、提顶、吊裆、松肩、沉肘。

3. 眼法

眼法应与手法、身法协调配合。练习时要思想集中,以意念为引导,全神贯注,神态自然。定势时,两眼平视前方或眼视手前方;在转换姿势时,眼随手动。

二、主要手型

二十四式太极拳主要的手型有拳、掌、勾三种，在套路练习中以掌为主。

1. 拳

动作分为"平拳"和"立拳"。练习时四指自然蜷曲扣于掌心，拇指轻压于食指和中指的远端指间关节上。图3-2-1为平拳。

要点： 握拳不可太紧，拳面要平。

2. 掌

动作分为"立掌"和"侧立掌"。练习时五指自然舒展，掌心微含，虎口呈弧形。图3-2-2为立掌。

要点： 手指不可过于弯曲，也不可并得太拢或用力张开，腕部应保持松活。

3. 勾

练习时五指指尖自然捏拢，屈腕。指不用力，掌心含空，犹如能容一小球。图3-2-3为勾手。

要点： 做勾手时，腕与肩平，力点在腕上。

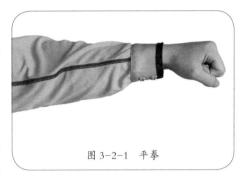

图 3-2-1　平拳

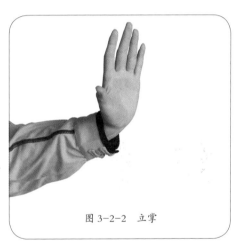

图 3-2-2　立掌

图 3-2-3　勾手

三、主要步型

二十四式太极拳的主要步型有弓步、虚步、仆步、丁步、独立步、开立步等。各种步型姿态虽有不同，但在重心移动时都要注意自然稳健，虚实分明，两脚间距应保持适当跨度，不可过大或过小。前进时，脚跟先着地，再慢慢全脚踏实；后退时，脚掌先着地，再慢慢全脚踏实。

1.弓步

动作分为"左弓步"和"右弓步"。练习时前腿屈膝前弓，全脚着地，稳定支撑，后腿轻轻提起往后自然伸直。前弓时膝部不得超过脚尖，脚尖往内扣（斜前方约45度），膝盖与脚尖在同一方向（这样才能进退自如，达到圆裆沉胯的要求）。（图3-3-1、图3-3-2）

要点：前后脚的全脚不能踏在一条直线上，圆裆沉胯，以求重心稳定；前后脚的横向间距保持在30厘米。

图 3-3-1　左弓步　　　　　　　　　图 3-3-2　右弓步

2. 虚步

动作分为"左虚步"和"右虚步"。练习时前后脚站立，后脚向外撇约
45 度；上体微后坐，重心移至后腿；用前腿的前脚掌着地（图 3-3-3、图 3-3-
4）、图 3-3-5）或前腿的脚跟着地（图 3-3-6）。

要点： 后腿用七分力（实），前腿用三分力（虚）。后腿的膝盖与脚尖朝
同一方向，不要撅臀。

图 3-3-3　左虚步　　　　　　　　　　　3-3-4　右虚步

图 3-3-5　左虚步（前脚掌着地）　　　图 3-3-6　左虚步（脚跟着地）

3. 仆步

练习时一腿屈膝下蹲，脚尖稍向外撇；另一腿向侧面贴地伸出，脚尖内扣。两脚全脚着地。（图 3-3-7）

要点：立腰、开髋，两脚全脚着地。

4. 丁步

练习时一腿屈膝半蹲，重心放在屈膝腿上；另一腿以前脚掌点地放在支撑脚内侧，两脚呈丁字形。（图 3-3-8）

要点：身体中正，屈膝腿的膝盖与脚尖在同一方向。

图 3-3-7 仆步

5. 独立步

练习时一腿独立支撑身体；另一腿屈膝提起，大腿高于水平线。（图 3-3-9、图 3-3-10）

要点：身体中正，重心稳定。

图 3-3-8 丁步

图 3-3-9 独立步（正面）　图 3-3-10 独立步（侧面）

6. 开立步

练习时两脚平行站立，宽不过肩，两腿微屈或直立。

要点：保持身体中正，重心稳定。

四、主要手法

1. 掤（péng）

练习时前手屈臂呈弧形平举于胸前，掌心朝内，另一手下按于胯侧，指尖向前。（图 3-4-1）

要点：上为掤，意在臂；下为采，意在掌。掤时上下手同时到位。

2. 捋（lǔ）

图 3-4-1 掤

动作分"定步捋""转身捋"等。练习时两臂呈弧形，两手掌心斜相对随腰转动，由前向后划弧捋至体侧或体后侧。运动过程中随身体中轴的旋转之势，有前手臂内旋或后手臂外旋的变化。（图 3-4-2、图 3-4-3）

要点：下捋时肘在先，意念在掌；上掤时手领先，意念在手臂；以腰带动手臂。

图 3-4-2 捋 1

图 3-4-3 捋 2

3. 挤

练习时前手屈臂于胸前，双手背朝外，后手扶在前手腕内侧；两臂同时向前挤（劲力向前），挤出后两臂撑圆。力点在前手的前臂和后手的掌指。套路中，"挤"一般与"将"相配合。（图3-4-4、图3-4-5）

要点：双臂挤出后，手臂高不过肩，低不过胸；两臂前挤时背部向后撑。体会有"前挤"必有"后撑"的道理。

4. 按

动作分为"前按"和"下按"。练习时单手或双手掌心向下由后向前推按，或由下向上、向前划弧推按称为"前按"；单手或双手掌心向下自上往下按称为"下按"。（图3-4-6、图3-4-7、图3-4-8、图3-4-9）

要点：练习时上身中正，不要前倾，不用拙力。

图3-4-4 挤1（正面）　图3-4-5 挤2（侧面）

图3-4-6 前按1　　　图3-4-7 前按2　　　图3-4-8 下按1　　　图3-4-9 下按2

5. 采

练习时手掌由前向斜下方将带，是运用手指采拿对方关节的一种轻巧技法。

要点：形容手法像采花朵或摘果实，不要太轻，也不要太重。曲中求直、点中含面。

6. 挒（liè）

练习时手掌侧向外或向内横向牵动，是在锁住对方的基础上，以控制住对方的技法。

要点：稳住重心，松髋，虚领顶劲，沉肩坠肘。

7. 搂掌

动作分"左搂掌"和"右搂掌"。练习时下手自对侧经体前划弧横搂至膝外侧，停于胯旁，掌心向下。（图 3-4-10、图 3-4-11）

要点：搂掌时要以腰带动上肢动作，不可只做手上动作。

图 3-4-10　左搂掌

图 3-4-11　右搂掌

图 3-4-12　推掌

8. 推掌

练习时掌经胸前或耳旁向前立掌推出，掌指高不超过眼睛，力贯掌根。（图 3-4-12）

要点：推掌应以腰带动肩催肘、肘催手。定势时肘部不可伸直。

10. 抱掌

练习时两手掌心在胸前或体侧上下相对或稍错开做抱球状；两臂撑圆呈弧形。（图 3-4-13）

要点：上手高不过肩，下手与腰平，含胸拔背，沉肩坠肘。

11. 十字手

练习时两脚平行站立，两手由开而合，内外交叠；交叉手的高度与胸平。（图 3-4-14）

要点：体会两手相叠时内撑外合的劲力。

12. 分掌

动作分为"斜上下分掌"和"平分掌"。练习时两手分别向斜上方与斜下方分开。前手于体前为"捌劲"，后手于胯旁为"采劲"。（图 3-4-15）

要点：前后手应同时到位，两臂微屈呈弧形。前手的意念点在小臂，后手的意念点在手掌。

13. 挑掌

练习时侧掌自下向上屈臂挑起，掌指向上。（图 3-4-16）

要点：以腰带臂，沉肩坠肘，指尖高不过鼻。

图 3-4-13　抱掌　　　　　　图 3-4-14　十字手

图 3-4-15　分掌

图 3-4-16　挑掌

五、主要步法

1. 上步

练习时后脚向前上一步（图 3-5-1）或者前脚向前上半步。

要点：身体中正；落步时脚跟先着地，重心逐渐前移，再全脚踏实；前后脚不要踏在一条直线上，步法力求轻盈。

2. 退步

练习时一腿支撑，另一腿向后退一步。后退时，后退脚的前脚掌先着地，重心逐渐后移再全脚踏实，如"倒卷肱"的步法。（图 3-5-2、图 3-5-3）

要点：身体中正，脚后撤落地时，重心转移要稳，后退脚的脚尖向外撤约 45 度。

图 3-5-1 上步（后脚向前上一步）

图 3-5-2 退步 1（前脚掌先着地）

图 3-5-3 退步 2（后退脚全脚踏实）

3. 跟步

练习时重心移至前腿，后脚向前跟进半步，前脚掌先着地，再慢慢全脚踏实。（图3-5-4）

后脚向前跟进，重心逐渐后移，后脚再慢慢全脚踏实。（图3-5-5）

要点： 身体中正，跟步距离要适中。

4. 侧行步

练习时一腿支撑，另一腿提起侧向平移迈步，脚尖向前，前脚掌先着地；随着重心横移，再全脚慢慢踏实，逐渐过渡到支撑腿。如此往复，两脚依次横向连续侧向移动，开步时两脚间距约20厘米。

要点： 身体中正，重心平稳。

六、主要腿法

1. 分脚

动作分为"左分脚"和"右分脚"。练习时单腿微屈稳立，另一腿屈膝提起，脚面绷平，小腿上摆向外分出。分脚高度过腰。（图3-6-1）

要点： 身体保持稳定，分脚脚面绷平，腿法轻灵。

图3-5-4 跟步1（前脚掌先着地）

图3-5-5 跟步2（后脚踏实过程）

图3-6-1 分脚

2. 蹬脚

动作分为"左蹬脚""右蹬脚""转身蹬脚""回身蹬脚"等。练习时单腿独立，支撑腿稳立微屈，另一腿屈膝提起，脚尖回勾，以脚跟为力点向外蹬出。蹬脚的同时两臂外张，目视脚蹬前方。图3-6-2为左蹬脚，图3-6-3为右蹬脚。

要点：支撑单脚站稳，身体中正直立，蹬腿的膝盖部位尽量绷直，蹬脚要高过腰部。

图3-6-2　左蹬脚　　　　　　　　图3-6-3　右蹬脚

七、基本桩法

1. 无极桩（并步站立）

练习时两脚开立，与肩同宽，心静体松，呼吸自然气下沉；虚领顶劲，下颚微收；两肩松沉，两臂自然下垂附于体侧，手指微屈；松腰敛臀，两膝微屈，脚趾抓地；眼视前方。

要点：松静站立，头正悬顶，下颚微收；松肩沉肘，含胸拔背；眉宇舒展，轻闭双目，神采内收。

2. 太极桩（开步站立做抱球状）

练习时两腿屈膝开立与肩同宽，两腿屈膝半蹲，重心在两脚之间，两臂呈弧形抱于胸前，两手掌心向内，两手指尖相对约一拳间距；目视两手之间。

3. 开合桩（可接太极桩练习）

练习时两腿屈膝开立与肩同宽。两手慢慢向前平举，掌心相对；两臂慢慢向两侧分开，使两臂与胸部连成大弧形，如抱大球状；随后两手慢慢向内相合，与头同宽，掌心相对，指尖向前；目视两手中间。如此反复练习。

要点：两臂呈弧形，沉肩坠肘，开合要自然。两臂向外展开时吸气，两臂收合时呼气。

4. 升降桩

练习时两腿屈膝开立与肩同宽；两手慢慢向前平举，高与肩平，宽与肩宽，掌心向下。随后两腿慢慢屈膝下蹲，同时两手慢慢向下按至腹前，再慢慢起立，两手提至原来的位置。如此反复练习。

要点：两臂前举与肩平，再按至腹前。屈膝下蹲与掌下按动作要协调、连贯。上体含胸拔背、尾闾中正、沉肩坠肘。屈膝下蹲时呼气，起立时吸气。

5. 虚步桩

动作分为"左式"和"右式"。左式为：松静站立，重心移至右腿，左脚向左前方迈出，脚跟先着地，双臂合于体前成"手挥琵琶"势。右式动作方向相反。

要点：虚步与两臂开合动作要连贯，沉肩坠肘。手臂开为吸气，合为呼气。

八、单学单练

1. 云手势

练习时上体正直，以腰为轴，转腰带手，以侧行步双脚平行移动；移步时轻起轻落，两脚由点及面踏实，以支撑重心轮换。腰的旋转和侧行步要充分协调，同时带动两臂动作；两手在体前交替向左或向右划立圆；眼随划弧的上手移动。（图3-8-1、图3-8-2、图3-8-3）

要点：整个动作要身手合一，重心移动充分，两腿侧行时虚实分明。交替划立圆时，上手手指高不过眉，下手手指低不过裆。翻掌自然。

2. 卷肱势

练习时一手翻掌经腹前由下往侧后方划弧举起，随后另一手翻掌停于体前；后手由耳侧向前推出，前手后撤至肋外侧。随着上体向左右微转，两臂屈肘在身体两侧分别做划弧转动；步法为虚步连续退步。如此往复。（图3-8-4、图3-8-5、图3-8-6）

要点：练习时以腰脊为轴，重心要稳。腰部左右旋转与撤手展臂、屈肘折臂及推掌、退步动作要协调配合。

图 3-8-1　云手势 1　　　　图 3-8-2　云手势 2　　　　图 3-8-3　云手势 3

图 3-8-4　卷肱势 1　　　　图 3-8-5　卷肱势 2　　　　图 3-8-6　卷肱势 3

3. 分鬃势

练习时上体微向右转，重心移至右腿；两手掌心上下相对在胸前做抱球状。左脚向前上步，左腿屈膝前弓成左弓步，同时两手向左上、右下分开；左手肘微屈，高与眼平，右手停于右胯旁。如此往复。左右动作相同，方向相反。（图3-8-7、图3-8-8）

要点：转腰、运臂动作要协调连贯，前臂向斜前方伸出含有"靠劲"，后手向下含有"采劲"，两臂微屈，柔中带刚。

图 3-8-7　分鬃势 1（收脚抱球）　　　图 3-8-8　分鬃势 2（弓步分手）

第四章

二十四式太极拳动作名称及分解动作

一、二十四式太极拳
动作名称

预备势

第一组　第一式　起势
　　　　第二式　左右野马分鬃
　　　　第三式　白鹤亮翅

第二组　第四式　左右搂膝拗步
　　　　第五式　手挥琵琶
　　　　第六式　左右倒卷肱

第三组　第七式　左揽雀尾
　　　　第八式　右揽雀尾

第四组　第九式　单鞭
　　　　第十式　云手
　　　　第十一式　单鞭

第五组　第十二式　高探马
　　　　第十三式　右蹬脚
　　　　第十四式　双峰贯耳
　　　　第十五式　转身左蹬脚

第六组　第十六式　左下势独立
　　　　第十七式　右下势独立

第七组　第十八式　左右穿梭
　　　　第十九式　海底针
　　　　第二十式　闪通臂

第八组　第二十一式　转身搬拦捶
　　　　第二十二式　如封似闭
　　　　第二十三式　十字手
　　　　第二十四式　收势

二十四式太极拳　大众普及本

二、二十四式太极拳

分解动作

说明：

1.在本章文字介绍中，凡有"同时"二字的，不论是先写还是后写做身体某个部位的动作，都要求动作同时进行，此时的动作不要分先后去做。

2.在本章文字介绍中，"眼视前方并略随手"指在练拳过程中，双眼在看动作中指定方向的同时略微挂着手，而不是用眼睛死死盯住手。

3.练拳时，站立方位和行进方向是以人体面朝的方向为基准的。无论身体方位怎样变换，总是以面朝的方向为前，背向的方向为后，身体的左侧为左，身体的右侧为右。假如面朝南方起势，收势时也应该面朝南方。

4.本章分解动作的图序，除预备式为"图0-1"外，其余均按二十四式太极拳各式的数字顺序排列，如"第一式 起势"共有三幅图，图序为：图1-1、图1-2、图1-3；"第二式 左右野马分鬃"共有16幅图，图序为：图2-1、图2-2……图2-16，以此类推。

5.在二十四式太极拳中，每一式里有多个动作，为方便理解，本书分解动作的名称序号用① ② ③……表示并与图题相对应，如p40"3.左野马分鬃"，包含①～④个动作，其中"①后坐撇脚"有两步分解动作，图题为"图2-12　后坐撇脚1""图2-13　后坐撇脚2"。

6.分解动作图指示线：

运动行进方向线：　　　　　　————————▶

左手、左脚动作方向线（虚线）：　--------▶

右手、右脚动作方向线（实线）：　————▶

7."定势"指该动作的完成姿势，在图题后加括号用红色表示，如"图2-6　弓步分手（定势）"。

预备势

拳名诠释： 预备势是起势之前的准备动作。"太极者，无极而生"，这个动作暗含哲理，喻太极拳文化底蕴深厚。静者，为无极；动之，则太极。

注：在传统太极拳拳谱中，没有单列预备势，有人将之称为"无极势"或"太极势"。在原国家体委颁布的《简化太极拳》版本中，也没有两脚并立的预备式。不过，在实际演练时，都习惯从两脚并立开始。拳论中有：无极形者，即寻常不动之立正姿势也。此语暗合"太极者无极而生"之理。表明太极拳中静为无极，动为太极，也暗合传统哲理，故增加此势。

两脚并立

身体自然直立，两脚并拢，两腿自然伸直，两臂自然下垂，两手轻贴大腿外侧，手指微曲；头颈正直，下颏微收，舌抵上腭，表情自然，精神集中；眼平视前方。（图0-1）

【动作要点】
　　呼吸自然，思想集中，入静，进入练拳状态。
【易犯错误】
　　1. 注意力不集中。
　　2. 站立时耸肩、驼背。
　　3. 两臂紧张，不放松。
【技击内涵】
　　此势重在调理自我心理状态，以静御动。

图0-1　预备势

第一组 第一式 起势

拳名诠释： 起势是二十四式太极拳的第一个动作，无极而太极，是由"静"到"动"的过程，在《太极拳经》中，有"一举动周身俱要轻灵"之说。起势决定了整个套路的练习速度、拳架高低等基本运动状态。

① 两脚开立

左脚轻轻向左横跨半步，两脚平行开立，与肩同宽，脚尖向前；眼平视前方。（图1-1）

② 两臂前举

两臂慢慢向前、向上平举，手高与肩平，与肩同宽，掌心向下；眼平视前方。（图1-2）

③ 屈膝按掌

上体舒展正直，两腿缓慢屈膝下蹲，重心放在两腿中间；同时两掌轻轻下按至腹前；眼平视前方。（图1-3）

图1-1 两脚开立

图1-2 两臂前举

【动作要点】
两肩下沉、两肘松垂，手指自然微屈。松腰、松胯，不可撅臀，重心放在两腿之间。两掌下按和两腿下蹲的动作要协调一致。在练拳过程中，拳架不能有忽高忽低的现象。在起势中，屈膝下蹲的高度基本上决定了整套拳架的高度，因此，对初学者来说，屈膝下蹲的高度应根据练拳者自身的情况而定。

【易犯错误】
1. 做"两脚开立"时，重心不稳，身体左右摇晃。
2. 做"两臂前举""屈膝按掌"时，耸肩、抬肘，直臂下落，动作僵硬；两掌下按时没有弧度，指尖朝上，手腕太松形成"翻腕"。
3. 做"屈膝按掌"时，屈膝和按掌未同时进行，上体前俯后仰，撅臀，膝盖过屈形成"跪膝"。

【技击内涵】
假若对方抓住我的手腕，我先顺着对方的劲两臂前举，然后下沉按劲将对方发放出去。

图1-3 屈膝按掌（定势）

第二式
左右野马分鬃

拳名诠释：把人体躯干部比作马之头部，将人体四肢喻为马之头鬃。在演练过程中，随着身体舒展，四肢上下左右摆动，好似骏马奔腾、长鬃飘动的英姿，故而得名。

1. 左野马分鬃

①收脚抱球
上体微向右转，重心移至右腿；同时右臂屈抱于胸前，手高不过肩，左手向右划弧形（本书简称"划弧"）屈臂抱于腹前，两手掌心上下相对在胸前做抱球状（右上左下）；随即左脚收至右脚内侧，脚尖点地；眼视右手前方。（图2-1、图2-2、图2-3）

②左转出步
重心仍在右腿；上体稍向左转，左脚向左前方迈出一步，脚跟轻轻落地，左脚尖翘起微往外撇；同时两手微合后再向左上、右下分开，掌心斜相对；眼视右手。（图2-4、图2-5）

③弓步分手
上体继续向左转，重心前移，左腿屈膝前弓成左弓步；同时两手向左前、右下分开，左手分到体前，高与眼平，掌心斜向上，右手下按至右胯旁，掌心向下，两臂微屈；眼视左手前方。（图2-6）

图2-1　收脚抱球 1

图2-4　左转出步 1

图2-2　收脚抱球2

图2-3　收脚抱球3

图2-5　左转出步2

图2-6　弓步分手（定势）

第四章　二十四式太极拳动作名称及分解动作

第一组◎　第一式~第三式

2. 右野马分鬃

①后坐撇脚

重心移至右腿，上体慢慢后坐；左脚尖翘起向外撇约45度；眼视左前方。（图2-7）

②跟步抱球

上体稍向左转，重心前移，左脚踏实，右脚跟离地；同时左手翻掌向下收至胸前平屈，右手经体前向左上方划弧收于腹前，两手掌心上下相对在胸前做抱球状（左上右下）；右脚随即收至左脚内侧，脚尖点地；眼视左前方。（图2-8、图2-9）

③右转出步

上体稍向右转，右脚向右前方迈出一步，脚跟轻轻落地，重心仍在左腿上；同时两手微合后再向右上、左下分开，掌心斜相对；眼视右手前方。（图2-10）

④弓步分手

重心前移，右脚踏实，右腿屈膝前弓成右弓步；同时两手继续往右前、左下分开；右手分到体前，高与眼平，掌心斜向上，左手下按至左胯旁，掌心向下；眼视右手前方。（图2-11）

3. 左野马分鬃

①后坐撇脚

重心移至左腿，上体慢慢后坐，右脚尖翘起向外撇约45度；眼视右前方。（图2-12、图2-13）

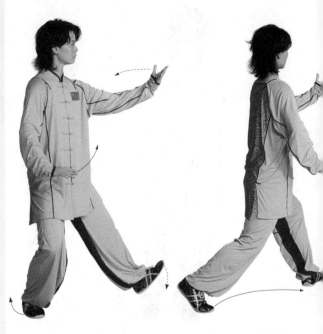

图2-7　后坐撇脚　　　　图2-8　跟步抱球1

图2-11　弓步分手（定势）

图 2-9　跟步抱球 2

图 2-10　右转出步

图 2-12　后坐撇脚 1

图 2-13　后坐撇脚 2

②收脚抱球

上体稍向右转，重心移至右腿；左脚收至右脚内侧，脚尖点地；同时右手屈抱于右胸前，手高不过肩，左手屈抱于腹前，两手掌心上下相对在胸前做抱球状（右上左下）；眼视右手。（图2-14）

③左转出步

上体微向左转，重心移至右腿，左脚向左前方迈出一步；同时两手微合后再向左上、右下分开，掌心斜相对；眼视左手前方。（图2-15）

④弓步分手

重心前移，左脚踏实，左腿屈膝前弓成左弓步；同时两手继续往左前、右下分开，左手分到体前，高与眼平，掌心斜向上，右手下分至右胯旁，掌心向下，两臂微屈；眼视左手。（图2-16）

图2-14　收脚抱球

图 2-15　左转出步

图 2-16　弓步分手（定势）

【动作要点】

　　上体不可前俯后仰，胸部须宽松舒展。肩松沉、肘微屈。身体转动要以腰为轴。上肢和下肢动作都应该在腰的带动下完成。弓步与分手的速度要协调一致。分手的两臂要保持弧形，掌心斜向上，力点在前臂外侧，有向斜上方"靠"出的劲，向下的手要体现出"按"和"采"的劲。弓步的前脚膝盖不要超过脚尖；前脚和后脚之间要保持 30 厘米的间距（前后脚的夹角约 45 度），切忌前后脚踏在一条直线上（指前后脚的全脚不能踏在一条直线上，后不赘述）。

【易犯错误】

　　1. 重心上下起伏，上体前俯后仰，弓腰驼背。

　　2. 分手时，左（右）手指过于松软或僵硬；两臂伸得太直，未走弧形；两手的间距过大，姿势松散。

　　3. 做弓步时，前脚膝盖超过脚尖或未达脚面，前后脚踏在一条直线上。上步时，脚尖未朝正前方，脚尖向外撇超过 45 度。

【技击内涵】

　　以"左野马分鬃"为例，假使对方用拳攻击我胸腹，我用右手锁住对方手腕并往下拉，左手向对方腋下穿出，随即我左脚向对方裆部上步，用左手外侧分靠对方，用周身整劲将对方发放出去。

第三式
白鹤亮翅

二十四式太极拳　大众普及本

拳名诠释：此为象形之名。在演练中身脊中正，双臂左右对称展开，似白鹤之双翼；双手呈旋转升降之势，犹如白鹤之翅展开之形。

①跟步抱球

上体微向左转，右脚向前跟进半步，前脚掌轻轻落地，重心仍在左腿；同时左臂内旋翻掌平屈于胸前，右臂外旋向左上划弧停于腹前，两手掌心上下相对在胸前做抱球状（左上右下）；眼视左手。（图3-1、图3-2）

②后坐挑掌

重心后移至右腿，右脚踏实；同时上体后坐并微向右转；眼视右手。（图3-3）

③虚步分手

重心全部移至右腿，左脚前掌着地成左虚步；上体微向左转面向前方；同时两手随转体向右上、左下分开，右手上提停于头前右上方，掌心斜向左，左手下按至左胯前，掌心向下；眼平视前方。（图3-4）

图3-1　跟步抱球1

【动作要点】

手臂上提、下落时要保持弧形。定势时胸部不要前挺。重心后移和右手上提、左手下按动作要协调一致。做虚步时要顶头竖脊、松腰松胯。

【易犯错误】

1. 手臂上提、下落时两臂过于弯曲或僵直，掌心朝向不明确。跟步时，重心起伏过大。撅臀或挺胯。

2. 定势时胸部前挺。

3. 做虚步时，两腿和膝部挺直，两脚的横向间距过小或过大，造成夹裆或姿态松散。

【技击内涵】

假使对方直拳向我面部袭来，我用右手挑开对方的来拳，左手随即划弧向对方胸腹部推击，使之摔倒。

图 3-2　跟步抱球 2

图 3-3　后坐挑掌

图 3-4　虚步分手（定势）

第四章　二十四式太极拳动作名称及分解动作

第一组 ◎　第一式～第三式

第四式
左右搂膝拗步

拳名诠释：根据动作方法命名，有"左搂膝拗步"与"右搂膝拗步"之分。在演练中，一手在膝盖上方划弧搂过，称作"搂膝"。在该动作中，出手、出脚是在同一时、同一侧，有违正常的走路习惯，其步法被称为"拗步"。"搂膝拗步"故而得名。

1. 左搂膝拗步

①转体摆臂

上体微向左转；右手随身体左转划弧停于体前，掌心斜向上，高与眉平，左手随身体右转停于体前；眼视左手。（图4-1、图4-2）

图 4-1　转体摆臂 1

②收脚托掌

上体向右转；右手从体前下落，由下向右后方划弧至右肩外侧，肘微屈，掌心斜向上，手与耳平；左手自左下侧经头前向上、向右划弧落至右胸前，掌心向下；同时上体先微向左转再向右转；左脚回收至右脚内侧，脚尖点地；眼视右手。（图4-3）

③迈步屈肘

上体稍向左转，左脚向左前方迈出一步，脚跟轻轻落地；右臂屈肘，右手回收至耳侧，掌心斜向前；同时左手下落至右腹前，掌心斜向下，肘微屈；眼视前方。（图4-4）

④弓步搂推

上体继续向左转，左脚踏实，重心前移屈膝成左弓步；同时左手向前、向下、向左划弧，经左膝前搂过落于左胯旁，右手从耳侧向前推出，掌心向前，高与鼻平，肘微曲；眼视右手。（图4-5）

图 4-2　转体摆臂 2　　　　　　　图 4-3　收脚托掌

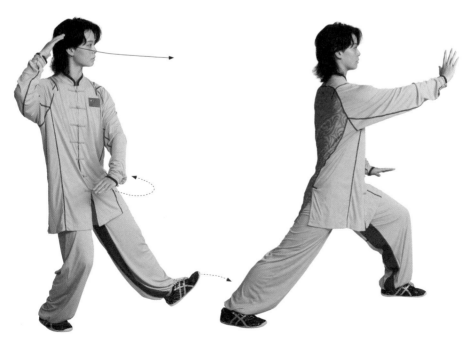

图 4-4　迈步屈肘　　　　　　　图 4-5　弓步搂推（定势）

47

2. 右搂膝拗步

①后坐翘脚

上体慢慢后坐，重心移至右腿，左脚尖翘起；随身体左转，左脚尖稍向外撇约45度，随后全脚踏实，屈膝前弓成左弓步；右臂微回收；眼视右手。（图4-6、图4-7）

② 收脚托掌

重心移至左腿，右脚收至左脚内侧，脚尖点地；同时右手随转体向上、向右划弧至左胸前，掌心斜向下，左手由左胯外侧向左后上方划弧至左肩外侧，肘微屈，手与耳同高，掌心斜向上；眼视左手。（图4-8）

③ 迈步屈肘

上体稍向右转，右脚向右前方迈出一步，脚跟轻轻落地；左臂屈肘，左手回收至耳侧，掌心斜向前；同时右手下落至左腹前，掌心斜向下，肘微屈；眼视前方。（图4-9）

④ 弓步搂推

上体继续向右转，重心前移，右脚踏实，右腿屈膝前弓成右弓步；右手依序向前、向下、向右划弧后经右膝前搂过，按于右胯外侧（稍偏前），掌心向下；同时左手掌心向前，从耳侧向前推出，高与鼻平；眼视左手。（图4-10）

图 4-6　后坐翘脚1

图 4-7　后坐翘脚 2

图 4-8　收脚托掌

图 4-9　迈步屈肘

图 4-10　弓步接推（定势）

3. 左搂膝拗步

①后坐翘脚

重心后移至左腿，右脚尖翘起；随身体右转，脚尖向外撇约45度，随即全脚踏实，屈膝前弓成右弓步；左臂微回收；眼视左手。（图4-11、图4-12）

②收脚托掌

重心移至右腿，左脚收至右脚内侧，脚尖点地；同时左手随转体向上、向左划弧屈肘停至胸前，掌心斜向下；右手由右胯外侧向右后上方划弧停至右肩外侧，肘微屈，手与耳同高，掌心斜向后；眼视右手。（图4-13）

③ 迈步屈肘

上体稍向左转；左脚向左前方迈出一步，脚跟轻轻着地；右臂屈肘，右手收至耳侧，掌心斜向前；同时左手掌心向下落至左腹前，肘微屈；眼视前方。（图4-14）

④ 弓步搂推

上体继续左转，重心前移至左腿；左脚踏实，左腿屈膝前弓成左弓步；左手经左膝向左前下方搂过，按于左胯外侧，掌心向下；同时右手从耳侧向前推出，高与鼻平；眼视右手。（图4-15）

图 4-11　后坐翘脚 1

【动作要点】

转动身体要以腰为轴，转腰带臂。重心转换时要虚实分明。前推掌时应松腰、松胯，沉肩坠肘，身体不可前俯后仰。坐腕舒掌与前推、搂膝动作要协调一致。做弓步时，前后脚的横向间距保持在30厘米。

【易犯错误】

1. 转动身体时，只动手不动腰；摆臂时不转腰，动作生硬。

2. 重心转换时上下起伏，挺髋或撅臀。定势时，上体前俯后仰。

3. 前推掌时身体侧身过多，手臂过直或过于松软。推掌手从肩前推出（应从耳侧推出）。推掌手与弓步腿的动作没有同时到位。

4. 做弓步时，膝盖超过脚尖或未达脚面，前后脚踏在一条直线上。上步时，脚尖向外撇超过了45度。

【技击内涵】

以"左搂膝拗步"为例，假若对方用拳击我胸腹部，我以右手划弧下采，随即脚收回并迈入其裆部，左手搂住对方膝部，右手推击对方胸腹部，将其摔倒。

二十四式太极拳 大众普及本

图 4-12　后坐翘脚 2

图 4-13　收脚托掌

图 4-14　迈步屈肘

图 4-15　弓步搂推（定势）

第五式
手挥琵琶

二十四式太极拳 大众普及本

拳名诠释：前手屈肘前伸，后手护住前手肘，犹如抱琵琶弹拨琴弦，故而得名。

①跟步摆臂

重心仍在左腿；右脚向前跟进半步（脚尖往外撇约45度），前脚掌轻轻落地；右臂保持弧形随身体前移，掌心向前；眼视右手。（图5-1）

②后坐挑掌

随着右脚跟进半步，上体后坐，重心回移至右腿，右脚全脚踏实，随即左脚跟轻轻提起成左虚步；同时上体稍向右转，左手立掌由左下向前、向上挑举，右手随腰转动，屈肘回收后再平移至胸前，掌心向下；眼视左前方。（图5-2）

③虚步合臂

上体微向左转；在右腿支撑下，左脚提起略往前移，脚跟着地成左虚步；两臂屈肘外展，两手侧立掌前后交错在胸前合抱；左手高与鼻平，掌心向右，右手掌心与左肘相对，形如斜抱琵琶；眼视左前方。（图5-3）

图5-1　跟步摆臂

图 5-2　后坐挑掌　　　　　　　　　　　图 5-3　虚步合臂（定势）

【动作要点】

　　定势要顶头竖脊、松腰沉气、屈腿落胯、沉肩坠肘。左手挑举时，不要直线向上，要微带弧形，由左向上、向前挑举；做"虚步合臂"时，应两腋虚空、两肩下沉，两臂形成合劲。重心后移和左手挑举、右手回收动作要协调一致。提脚和落步要做到轻起轻落。右脚跟进时，脚尖要外撇约 45 度。

【易犯错误】

　　1. 定势时，上体后仰，耸肩夹腋，肘部僵直或过分弯曲。

　　2. 左手挑举时，直线向上；做手臂动作时，两臂紧缩，肘部僵直，手臂未保持弧形，两掌心朝向不明确。两臂相合与虚步成型动作不协调。

　　3. 重心转换不清楚。重心后移和左手挑举、右手回收动作不协调。

　　4. 做虚步时，脚跟砸地，膝部过直；前俯、挺髋或撅臀。跟进时脚尖没向外撇。

【技击内涵】

　　假如对方用拳击我胸腹部，我以右手锁住其手腕向里拨，左手贴于对方肘关节处，双手向里合劲，配合下肢踢脚，将对方向前送出，使之跌倒。

第六式
左右倒卷肱

拳名诠释：传统名为"倒攒猴"。动作中将对手比喻为猴，退步中的腰、胯向后谓之"攒动"。演练起来，双手手臂回环推出，似引猴前进，又将其推之，故而得名。有人认为动作中有手臂回环倒卷的动作应叫"倒卷肱"，长此以往，"左右倒卷肱"的拳名就沿用了下来。

1. 右倒卷肱

①右转托掌

上体微向右转，重心仍在右腿；右手翻掌下落，掌心向上，经腹前由下向后上方划弧后托掌，臂微曲，掌心斜向上，与耳同高；同时左手翻转停于体前，掌心向上，与肩同高；随身体右转，眼先随右手，再转视左手。（图6-1、图6-2）

②虚步推掌

上体继续向左转；在右腿支撑下，左脚轻轻提起向后退一步，前脚掌先着地，再全脚慢慢踏实；重心移至左腿成右虚步，右脚随转体以前脚掌为轴扭正；同时右臂屈肘收于耳侧，掌心斜向前由耳侧向前推出，腕高与肩平，左手由下向后划弧收至左胯侧，掌心向上；眼视右手。（图6-3、图6-4）

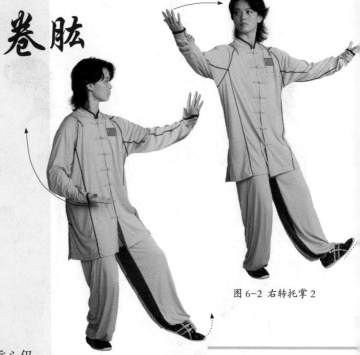

图6-2 右转托掌2

图6-1 右转托掌1

2. 左倒卷肱

①左转托掌

上体微向左转；左手向左后上方划弧后托掌，掌心斜向上，与耳同高；同时右手翻转停于体前，掌心向上，与肩同高；随身体左转，眼先随左手，再转视右手。（图6-5）

②虚步推掌

上体继续向右转，在左腿支撑下，右脚轻轻提起向后退一步，前脚掌先着地，再全脚慢慢踏实；重心移至右腿成左虚步，左脚随转体以前脚掌为轴扭正；同时左臂屈肘收于耳侧，经耳侧向前推出，掌心向前，腕高与肩平，右手由下向后划弧收至右胯侧，掌心向上；眼视左手。（图6-6、图6-7）

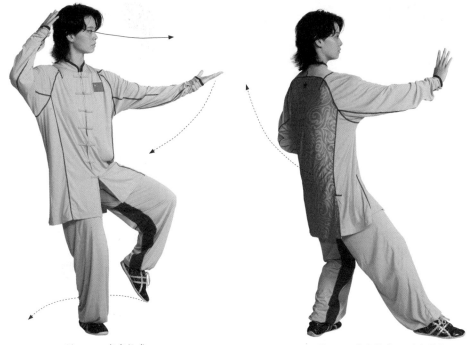

图 6-3　虚步推掌 1

图 6-4　虚步推掌 2（定势）

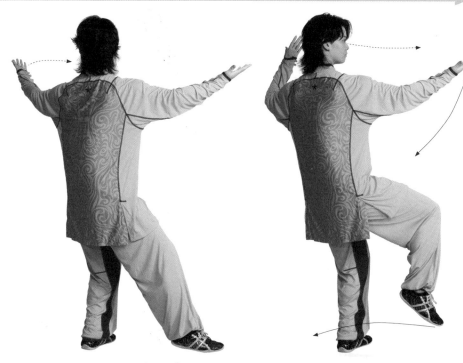

图 6-5　左转托掌

图 6-6　虚步推掌 1

3. 右倒卷肱

① 右转托掌

上体微向右转；右手随转体向后上方划弧托掌，掌心向上，与耳同高；同时左手翻转停于体前，掌心向上，与肩同高；眼先随右手，再转视左手。（图6-8）

② 虚步推掌

上体继续向左转；在右腿支撑下，左脚轻轻提起向后退一步，前脚掌先着地，再全脚慢慢踏实；重心移至左腿成右虚步，右脚随转体以前脚掌为轴扭正；同时右臂屈肘收于耳侧，掌心斜向前由耳侧向前推出，腕高与肩平，左手由下向后划弧收至左胯侧，掌心向上；眼视右手。（图6-9、图6-10）

4. 左倒卷肱

① 左转托掌

上体微向左转；左手随转体向左后上方划弧后托掌，掌心斜向上，与耳同高，同时右手翻转停于体前，掌心向上，与肩同高；眼先随左手，再转视右手。（图6-11）

② 虚步推掌

上体继续向右转，在左腿支撑下，右脚轻轻提起向后退一步，前脚掌先着地，再全脚慢慢踏实；重心移至右腿成左虚步，左脚随转体以前脚掌为轴扭正；同时左臂屈肘收于耳侧，掌心斜向前，由耳侧向前推出，腕高与肩平，右手由下向后划弧收至右胯侧，掌心向上；眼视左手。（图6-12、图6-13）

图6-7　虚步推掌2（定势）

图6-10　虚步推掌2（定势）

图 6-8　右转托掌

图 6-9　虚步推掌 1

图 6-11　左转托掌

图 6-12　虚步推掌 1

③右转托掌

上体微向右转，重心仍在右腿；右手翻掌下落，掌心向上，经腹前由下向后上方划弧后托掌，臂微曲，掌心斜向上，与耳同高；同时左手翻转停于体前，掌心向上，与肩同高；随身体右转，眼先随右手，再转视左手。（图6-14）

图6-13 虚步推掌2　　　　　图6-14 右转托掌（定势）

【动作要点】

　　"卷肱势"要有意识地坐腕展掌。向前推手和向后撤手要走弧线，要保持两手速度一致。推掌时掌心应从耳侧推出。在虚步基础上的连续退步，要注意重心平稳，脚掌、脚跟起落分明，要避免前后脚踏在一条直线上。退步时，眼睛应随着转体先向左（右）看，再转看前手。定势时，眼睛应注视前手，略微停顿后再转入下一个姿势。做最后一个"虚步推掌"的退右脚动作时，右脚尖的外撇角度要稍大，便于接下一式"左揽雀尾"。

【易犯错误】

　　1. 做"卷肱势"时屈指卷腕，前推手和后撤手未走弧线，两手的速度不一致。

　　2. 推掌时身体转动过大，掌心直接从肩前直接推出。

　　3. 退步时重心不稳，前后脚踏在一条直线上，形成重心不稳的"拧绞"步态；落脚沉重，脚跟先着地；眼睛没有先向左（右）看。

　　4. 定势时，转入下一个姿势前没有略微停顿。

【技击内涵】

　　假若对方用拳朝我胸腹部击来，我用前手锁住对方手腕并退步，用后手发力攻击对方的面部。

第三组 第七式 左揽雀尾

拳名诠释：此式将对方的手臂比作雀尾，用手轻轻抚摸雀的尾羽，让其不可逃脱。演练中将对方的手臂在自己的双手中迂回旋转、缠绕而不得解脱。因动作如揽雀尾，故而得名。

①收脚抱球

上体微向右转；右手由腰侧向右上方划弧，掌心翻转向下，屈臂抱收于右胸前，左手向下划弧下落后屈臂

抱收于右腹前，掌心向上，两手掌心上下相对在胸前做抱球状（右上左下），随即左脚收至右脚内侧，脚尖点地；眼随右手。（图7-1、图7-2）

图 7-1　收脚抱球 1

图 7-2　收脚抱球 2

59

②左转上步

上体微向左转，左脚向左前方上一步，脚跟轻轻落地；眼平视前方。（图7-3）

③弓步挪臂

上体继续微向左转，重心前移；左脚踏实，左腿屈膝前弓成左弓步；同时两手前后分开，左臂平屈呈弧形向前挪出，腕高与肩平，掌心向内，右手向下划弧按于右胯旁，掌心向下；眼视左前方。（图7-4）

④左转伸臂

上体微向左转，左前臂内旋，左手向左前方伸出翻掌向下；同时右前臂外旋，右手经腹前翻掌向上、向左前方托至左肘内侧，掌心向上；眼视左手。（图7-5）

⑤右转下将

上体向右转，重心移至右腿，随转体两手向下将；右手经腰侧向右后上方划弧后停于右侧上方，高与头平，掌心斜向后，左手平屈于胸前，掌心斜向下；眼视右手。（图7-6）

⑥左转搭腕

上体微向左转，左臂半屈收于胸前，掌心向内，右臂屈肘回收，右手收搭于左腕内侧，掌心向前；眼平视前方。（图7-7）

⑦弓步前挤

重心前移，左腿屈膝前弓成左弓步；两手同时向前慢慢挤出，左手掌心向右，

图7-3　左转上步

图7-6　右转下将

图 7-4　弓步掤臂

图 7-5　左转伸臂

图 7-7　左转搭腕

图 7-8　弓步前挤

右手掌心向前，两臂掤成半圆形，腕与肩同高；眼平视前方。（图7-8）

⑧后坐按掌

左手翻转向下，右手经左腕上方向前伸出后交叉，掌心向下；两手左右分开与肩同宽，掌心均向下。（图7-9）

上体后坐，重心后移，右腿屈膝，左腿自然伸直，左脚尖翘起；同时两臂回收，两手沿弧线按至腹前，掌心斜向下方；眼平视前方。（图7-10、图7-11）

⑨弓步推掌

重心前移，左脚踏实，左腿屈膝前弓成左弓步；同时两手由下向上、向前沿弧线推掌至体前，掌心向前，两腕与肩同高、同宽；眼平视前方。（图7-12）

图7-9　后坐按掌1

【动作要点】

做掤、挤、捋、按时，上体保持自然正直；做"前挤"时，前臂挤出与弓步后蹬动作要协调一致；做"掤势"时，两臂要保持弧形，分手、松腰、弓步要同时到位；做"捋势"时，两臂后捋与腰部旋转要协调一致，捋手与屈腿后坐动作要协调一致。本式弓步的步型是顺弓步，前后脚的横向间距不要超过10厘米。

【易犯错误】

1. 身体前倾或后仰过多。重心起伏大，腰、胯不灵活。动作忽快忽慢。手脚动作未配合好。

2. 做"掤势"时，左手掌心未对着右胸，两掌间距过大；做"捋势"时，转腰太僵硬，双手直来直去未划弧，左前脚掌离地；做"挤势"时，抬肘过高，耸肩；做"按势"时，前推过多，双手向上挑，两臂过于伸直或过于弯曲；做弓步时，膝盖超过脚尖或未达脚背。

【技击内涵】

以左揽雀尾为例。假若对方直拳向我击来，我以右手锁住其手腕，左臂用掤劲将其摔倒。捋势：我右手锁住对方腕关节，左手紧贴对手肘关节，旋转并借用其力引进，使其攻击失败，或者我借挤势将其发放出去。按势：当我已靠近对方的胸腹部，可用双手将对方托起（由下向上）后推出。

图 7-10　后坐按掌 2　　　　　　　　图 7-11　后坐按掌 3

图 7-12　弓步推掌（定势）

第八式
右揽雀尾

二十四式太极拳 大众普及本

拳名诠释：因动态如揽雀尾故得此名。此式将对方的手臂喻为雀尾，让对方的手臂在自己的双手抚摸中迂回旋转，不可逃脱。

①右转分手

重心移至右腿，上体后坐并微向右转，左脚尖内扣；右手向右平行划弧至右侧，掌心向外；两手平举于身体两侧，两臂微屈；眼视右手。（图8-1、图8-2）

②收脚抱球

重心移至左腿，右脚收至左脚内侧，脚尖点地；左臂屈肘，左手收至左胸前，右手经右下、左上划弧屈抱于腹前，两手掌心上下相对在胸前做抱球状（左上右下）；眼视左手。（图8-3、图8-4）

③右转上步

上体微向右转，右脚向右前方上一步，脚跟轻轻落地；眼平视前方。（图8-5）

④弓步掤臂

上体继续微向右转，重心前移，右脚踏实，右腿屈膝前弓成右弓步；同时两手前后分开，右臂平屈呈弧形向体前掤出，腕高与肩平，掌心向内，左手向下划弧按于左胯旁，掌心向下；眼视前方。（图8-6）

图8-1 右转分手1

图8-4 收脚抱球2

图 8-2　右转分手 2

图 8-3　收脚抱球 1

图 8-5　右转上步

图 8-6　弓步掤臂

⑤右转伸臂

上体稍向右转；右前臂内旋，右手向右前方伸出翻掌向下；同时左前臂外旋，左手经腹前翻掌向上、向右前方托至右肘内侧，掌心向上；眼视右手。（图8-7）

⑥左转下捋

上体向左转，重心移至左腿，随转体两手向下捋；左手经腰侧向左后上方划弧后停于左侧上方，高与头平，掌心斜向后，右手平屈于胸前，掌心斜向后；眼视左手。（图8-8）

⑦右转搭腕

上体向右转，重心前移；右臂半屈于胸前，掌心向内，左臂屈肘回收，左手收搭于右腕内侧，掌心向前，两臂掤圆；眼平视前方。（图8-9）

⑧弓步前挤

重心前移，右腿屈膝前弓成右弓步；两手同时向前慢慢挤出，右手掌心向左，左手掌心向前，两臂掤成半圆形，腕与肩同高；眼平视前方。（图8-10、图8-11）

⑨后坐按掌

右手翻转向下，左手经右腕上方向前伸出后交叉，掌心向下；两手左右分开与肩同宽，

图8-7 右转伸臂

图8-9 右转搭腕

图 8-8　左转下将

图 8-10　弓步前挤 1　　　　　　图 8-11　弓步前挤 2

掌心均向下。（图 8-12）

上体后坐，重心后移；左腿屈膝，右腿自然伸直，右脚尖翘起；同时两臂回收，两手沿弧线按至腹前，掌心斜向下方；眼平视前方。（图 8-13）

⑩弓步推掌

重心前移，右脚踏实，右腿屈膝前弓成右弓步；同时两手由下向上、向前沿弧线推掌至体前，掌心向前；两腕与肩同高、同宽；眼平视前方。（图 8-14）

图 8-12　后坐按掌 1

图 8-13　后坐按掌 2

图 8-14　弓步推掌（定势）

【动作要点】
做掤、挤、按时，上体要保持自然正直；做"掤势"时，两臂要保持弧形，分手、松腰与弓步的动作要协调一致；做"挤势"时，手法与松腰、弓步的动作要协调一致；做"捋势"时，两臂后捋与腰部旋转的动作要协调一致；"捋势"结束时，右手位于侧后方斜向约 45 度，捋手与屈腿后坐的动作要协调一致。

【易犯错误】
与左揽雀尾相同，唯左右相反。

【技击内涵】
与左揽雀尾相同，唯左右相反。

图 9-1 转体摆臂 1

| 第四组 | 第九式 单鞭 |

拳名诠释： 在演练过程中，一手五指自然合拢成勾手往斜后方移置，另一手拂面后旋即推出，有策马扬鞭之势，故而得名。

①转体摆臂

上体后坐，重心移至左腿，上体向左转，右脚尖内扣，两手（左高右低）向左划弧运转；左臂平举于身体左侧，掌心向外，右手经腹前向左划弧至左肋前，掌心向上；眼随左手。（图 9-1、图 9-2）

②丁步勾手

重心移至右腿，左脚收至右脚内侧，前脚掌点地；同时右手向上经头

图 9-2 转体摆臂 2

图 9-3 丁步勾手 1

前至身体右前方划弧变勾手，勾尖向下，腕高与肩平；左手向下经腹前向右上方划弧至右肩前；眼视右手。（图9-3、图9-4）

二十四式太极拳

大众普及本

③上步摆掌

上体微向左转，左脚向左前方迈出一步，脚跟轻轻落地；同时左手经胸前向左平行划弧，掌心向内；右勾手不变；眼视左手。（图9-5）

④弓步推掌

上体继续向左转，左脚踏实；左腿屈膝前弓，右腿自然蹬伸，右脚跟辗转后蹬成左弓步；同时左手慢慢翻掌向前推出，手心向前，腕与肩平，肘微屈；眼视左手。（图9-6）

【动作要点】

上体保持正直。做左手翻掌前推时，应边翻掌、边前推；做左腿前弓时，应配合松腰、松胯、沉气、沉腕、展掌、舒指的要领；做勾手时，右臂伸举方向为斜后方45度。单鞭弓步前脚应斜向左前方，以不超过30度为宜，前后脚的横向间距约10厘米，右脚跟要充分外蹬，以免造成开裆展胯、上体侧倾。

【易犯错误】

1. 定势时，身体前倾过多，后仰、耸肩、挺髋或撅臀。

2. 掌变勾手时，手腕太灵活或手臂僵硬。做勾手动作时，腕关节弯曲的幅度过大或过小，勾手与推掌前手放在一条直线上。

3. 上肢和下肢动作脱节，动作不连贯。弓步的前后脚踏在一条直线上，造成夹裆。弓步膝盖超过脚尖或未达脚背。

【技击内涵】

假使对方冲拳向我而来，我用右手勾手抓住对方，左手向对方面部或胸腹部按推。

图9-5　上步摆掌

图9-4　丁步勾手2

图9-6　弓步推掌（定势）

第十式
云 手

拳名诠释： 在演练过程中，双手在腰的带动下，划弧运转，双脚侧移，身体重心轮番转换，恰如行云在空中延绵不断，故而得名。

①转体松勾

上体微向右转，重心移至右腿，左脚尖内扣；同时左手向右划弧至腹前，掌心斜向内；右勾手慢慢松开变掌，掌心向外；眼视右手前方。（图10-1、图10-2、图10-3）

图 10-1　转体松勾 1

图 10-2　转体松勾 2

图 10-3　转体松勾 3

②左云收步

上体慢慢左转，重心逐渐左移；左手由胸前向左侧划弧运转，掌心逐渐转向外，腕与肩平；右手由右下经腹前向左上划弧至左肩前，掌心斜向后；同时右脚轻轻提起收于左脚内侧成小开步（两脚的横向间距为10～20厘米）；眼视右手。（图10-4、图10-5、图10-6）

③右云开步

上体微向右转，重心移至右腿，随即左脚轻轻提起，向左横跨一步后前脚掌轻轻落地，再慢慢踏实；同时左手向下划弧至右腹前，掌心向上，右手向上、向右侧划弧运转至右侧，掌心翻转朝右；眼视右手。（图10-7、图10-8）

④左云收步

动作与②同解。（图10-9、图10-10、图10-11）

图 10-4　左云收步 1

图 10-7　右云开步 1　　　　　图 10-8　右云开步 2

图 10-5　左云收步 2 （定势）　　　　图 10-6　左云收步 3

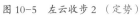

图 10-9　左云收步 1　　　　图 10-10　左云收步 2 （定势）　　　　图 10-11　左云收步 3

⑤右云开步

动作与③同解。（图10-12、图10-13）

⑥左云收步

动作与④同解。（图10-14、图10-15）

【动作要点】

开步时要做到点起点落、轻起轻落，下肢移动时重心要稳定。提脚要先提脚跟，落步要前脚掌先着地再全脚踏实。转动身体要以腰为轴，转腰带臂，两手交替划圆。翻掌的同时要松腰、松胯，身体不可上下起伏或左右摇摆。两脚平行并步时，横向间距约10厘米，要避免出现"八字脚"，两脚不能靠得太拢。

【易犯错误】

1. 做云手时耸肩、抬肘，手臂太直，双手高过头或手过于松软。

2. 转腰时幅度过大或不动腰只走手；横移步时两脚成"八字脚"。重心上下起伏，背脊歪斜不中正。眼睛未随手走。

3. 上肢与下肢配合不协调，出现手与脚的速度不一致的现象。

【技击内涵】

此势可攻可防。若对方向我面部或胸腹部来拳，我以"云手"划开，也可用虎口锁住对方腕部，使其被制服。

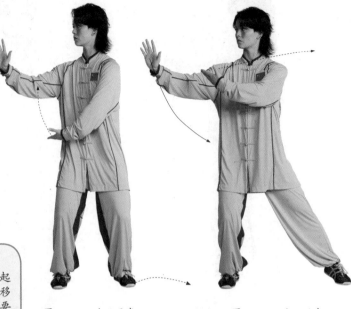

图10-12　右云开步1　　　　图10-13　右云开步2

图10-14　左云收步1　　　　图10-15　左云收步2（定势）

第十一式
单鞭

拳名诠释： 在演练过程中，一手五指自然合拢成勾手往斜后方移置，另一手拂面后旋即推出，有策马扬鞭之势，故而得名。

① 丁步勾手

上体向右转，重心移至右腿；左脚跟提起；同时右手经胸前向右上方划弧（手心由内转向外）至右侧变勾手，勾尖向下，肘微屈，腕高与肩平；左手经腹前向右上方划弧至右肩前，臂微屈，掌心斜向内；眼视勾手。（图11-1、图11-2、图11-3）

图 11-1 丁步勾手 1

图 11-2 丁步勾手 2

图 11-3 丁步勾手 3

②上步掤臂

上体微向左转，左脚向左前方上步，脚跟轻轻落地；同时左手随身体左转经胸前平行向左划弧，掌心向内；眼视左手。（图11-4）

③弓步推掌

上体继续向左转，重心移至左腿，左脚踏实，左腿屈膝前弓成左弓步，右脚尖内扣并后蹬；同时左手随上体左转慢慢翻转向前推出，掌心向外，腕与肩平，肘微屈；眼视左手。（图11-5）

图11-4　上步掤臂　　　　　　　图11-5　弓步推掌（定势）

【动作要点】
随着上体左转，左腿前弓，推掌要边翻掌、边前推；同时要配合松腰、松胯、沉气、沉腕、展掌、舒指等要领。做勾手时右肘微屈，右臂伸举方向为斜后方45度；单鞭弓步前脚应斜向左前方，以不超过30度为宜，前后脚的横向间距约10厘米。定势时，右脚跟要蹬转到位，避免造成开裆展胯，上体侧倾，上体始终保持正直。

【易犯错误】
与第九式"单鞭"相同，唯方向相反。

【技击内涵】
与第九式"单鞭"相同，唯方向相反。

第五组 第十二式 高探马

拳名诠释： 一说为，此式形如人骑在高头大马上探路；另一说为，如高头大马站立；右掌前推与左脚前点，具有前探之意。"高探马"故而得名。

①跟步翻掌

右脚跟进半步，重心移至右腿；右勾手松开变掌；两臂旋臂外翻，两手心翻转向上（左低右高），两肘微屈；眼视右手。（图12-1）

②提膝屈臂

上体微向右转，重心移至右腿；左脚跟轻轻提起成左虚步；同时右臂屈肘收至右耳侧，掌心斜向前方；眼视左手。（图12-2）

图12-1　跟步翻掌

图12-2　提膝屈臂

77

③虚步推掌

上体微向左转面向前方，重心仍在右脚；同时右手掌心向前，经耳侧向前推出，高与眼平，左手回收至左侧腰前，掌心向上；同时左脚微向前移，脚尖点地；眼视右手。（图12-3）

图 12-3　虚步推掌（定势）

【动作要点】
　　定势时，上体保持正直，两肩下沉，膝、肘微屈；重心转换和跟步时，身体不要上下起伏；做"跟步翻掌"时，两手应该左低右高；做"虚步推掌"时，应在转腰顺肩的配合下完成，推掌要保持手臂的弧度。推掌从耳侧向前推出。
【易犯错误】
　　1. 做"跟步翻掌"时，两手放在一条直线上，转腰幅度过大。推掌的手臂太直，手指僵硬，推掌从肩前直线推出。两臂间距太小，造成夹腋。
　　2. 做虚步时，膝部太直，脚的虚实不明确。推掌与虚步动作的完成时间不一致。
【技击内涵】
　　假使我左手被对方锁住，我用右掌顺势推击对方面部而化解。

第十三式
右蹬脚

拳名诠释：根据运动方法而得名。在演练过程中，用右脚蹬击对方。

①提脚穿掌

右手略向后收，掌心向下，左手掌心向上前伸至右手背上，两手相交，手背相贴；同时上体微向左转，左脚提起。（图13-1）

②弓步分手

随即左脚向左前方上步，脚跟先着地；重心前移，左脚踏实，左腿屈膝前弓成左弓步；同时两手向左右分开平举，两臂外撑，肘微屈，虎口相对，掌心均向外；眼视右手。（图13-2）

图13-1　提脚穿掌　　　　　　　图13-2　弓步分手

第四章　二十四式太极拳动作名称及分解动作

第五组 ◎ 第十二式～第十五式

③提膝合抱

重心移至左腿，右脚收至左脚内侧，脚尖点地；同时两手继续划弧，经腹前交叉合抱于胸前，右手在外，掌心向内；随后左腿独立支撑，右腿屈膝提起，脚尖自然下垂；眼视右前方。（图13-3、图13-4）

④右蹬分手

左腿继续独立支撑；右脚脚尖回勾，慢慢向右前方蹬出，力达脚跟，脚高过腰，右腿与右臂上下相对；同时两臂左右分开划弧至身体两侧，掌心均向外，两臂外撑，两肘微屈，腕高与肩平；眼视右手。（图13-5）

图13-3 提膝合抱1　　图13-4 提膝合抱2　　　图13-5 右蹬分手（定势）

【动作要点】

定势时顶头立腰，单腿支撑要稳；两手腕交叉时，腕高与肩平；两手分开时，两肘保持微屈。蹬脚时脚尖回勾，脚跟用力蹬出；蹬脚的方向为右前方约30度；右腿与右臂上下相对；蹬脚与手臂外撑的动作一致。

【易犯错误】

1. 单腿支撑不稳，蹬脚时支撑腿晃动。上举腿明显弯曲，蹬出时未回勾脚尖，脚跟力度不够；蹬脚与手臂外撑的动作不一致。

2. 手臂外撑时两臂太直或过于弯曲。

【技击内涵】

假使对方用直拳向我击来，我用右手挡开来拳，并用右脚蹬其裆部、腹部等部位，使其摔倒。

第十四式
双峰贯耳

拳名诠释：此式以"双峰"指代双拳。在演练过程中，双拳同时出击，其动如风，攻击对方双耳部位，故而得名。

①收脚落手

左腿继续独立支撑；右腿屈膝回收，脚尖自然下垂；同时左手经头侧向体前划弧，与右手并行向下分落于右膝上方，掌心向上；眼视前方。（图14-1）

②落步分手

右腿向右前方上步，脚跟轻轻落地；同时两手下落，慢慢变拳收至两腰侧，掌心向上；眼视前方。（图14-2、图14-3）

图14-1　收脚落手

图14-2　落步分手1

③ 弓步贯拳

重心前移，右腿踏实，右腿屈膝前弓成右弓步，左腿自然蹬伸；两手握拳从两侧向上、向前划弧停于头前方；两臂半屈呈弧形，两拳相对呈钳形，与耳同高，两拳相距10～20厘米，前臂内旋，拳眼斜向下；眼视右手前方。（图14-4）

图 14-3　落步分手 2

图 14-4　弓步贯拳（定势）

【动作要点】

定势时要注意头颈正直、立身中正、松腰松胯、沉肩坠肘，两臂保持弧形。贯拳的力点在拳面，拳眼斜向下。屈膝收小腿与翻掌分落的动作要协调一致；落步与两手收于腰间的动作要协调一致；弓步、松腰与两拳贯出的动作要协调一致。

【易犯错误】

1. 定势时，耸肩缩脖，动作僵硬。贯拳时身体前倾过多，后仰、挺髋或撅臀。

2. 手腕过于灵活，手在腰间"挽花"而出。贯拳时双臂过直、翻肘，拳眼相对。

3. 落脚时右脚砸地。做弓步时，膝盖垂直线超过脚尖或未达脚背。

【技击内涵】

假若对方双拳向我面部攻来，我用双手挡住对方来拳并向下划开（其中提膝动作可以顶住对方的腰腹部），随之我用双拳划弧上举，进而攻其耳根部。

第十五式
转身左蹬脚

拳名诠释：根据运动方法而得名。在演练过程中，用左脚蹬击对方。

①左转分手

上体微向左转，左腿屈膝后坐，重心移至左腿；右脚尖内扣；同时两拳松开变掌，由上向左右分开划弧后平举，两臂微屈，两掌心分别斜向外；眼视左手。（图15-1、图15-2）

②收脚合抱

右腿屈膝后坐，重心移至右腿；左脚收至右脚内侧，脚尖点地；同时两手由下向内、向上划弧交叉合抱于胸前，左手在外，两掌心均向内；眼平视前方。（图15-3）

图15-1 左转分手1

图15-2 左转分手2

图15-3 收脚合抱

③提膝合抱

重心移至右腿，用右腿独立支撑；左腿提起与腰平，脚尖自然下垂；两手由腹前向上举于胸前交叉合抱，左手在外，两掌心均向内；眼平视左前方。（图15-4）

④ 左蹬分手

右腿继续独立支撑；左脚脚尖回勾，向左前方慢慢蹬出，力达脚跟，脚高过腰；同时两手左右分开划弧后平举于身体两侧，两臂外撑，两肘微屈，两掌心均向外，腕高与肩平；眼视左手。（图15-5）

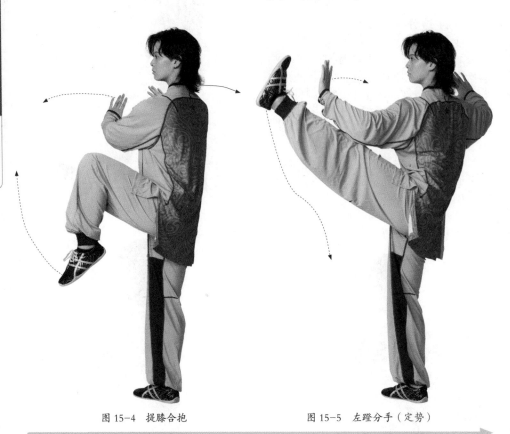

图15-4 提膝合抱　　　　图15-5 左蹬分手（定势）

【动作要点】
做"左转分手"时，重心移动要充分，右脚尖内扣要到位；两手分开划弧时，立身要稳定，不可前俯后仰。
【易犯错误】
1. 做"左转分手"时，身体转动过大、前俯、撅臀；分手时，手臂太直，没有弧度。
2. 右脚尖内扣不到位。
【技击内涵】
假若对方从我背后攻击，我随即转身用左脚蹬之，以制服对方。

第六组 第十六式 左下势独立

拳名诠释：在演练过程中，身体由高势到低势变换，左脚贴地伸出，称为"左下势"。又因独立步的姿态犹如"金鸡独立"，故二者合称为"左下势独立"。

① 收脚勾手

左腿收回平屈，左脚下垂收于右小腿内侧；上体向右转，右掌变勾手提举于身体右侧，勾尖向下，高与肩平，左手经胸前划弧立于右肩前，掌心斜向后；眼视右手。（图16-1、图16-2）

② 仆步穿掌

右腿屈膝下蹲，左脚沿地面向左侧伸出成左仆步；同时左手下落，掌心向外，经腹前沿左腿内侧向左穿出，掌心向外，右勾手不变；眼视左手。（图16-3、图16-4）

图16-1 收脚勾手1　　　图16-2 收脚勾手2

图16-3 仆步穿掌1　　　图16-4 仆步穿掌2

第四章 二十四式太极拳动作名称及分解动作

第六组 ◎ 第十六式～第十七式

85

③弓步挑掌

以左脚跟为轴，脚尖略向外撇，重心前移，左腿屈膝前弓成左弓步，右脚尖内扣并后蹬，右腿自然蹬直，随上体向左转并向前起身；同时左手继续前穿并立掌向上挑起，右勾手内旋背于身后，勾尖向上；眼视左手。（图16-5）

④提膝挑掌

上体向左转，重心前移，左脚尖外展；左腿微屈独立支撑成左独立步；右腿提起与腰平，脚尖自然下垂；同时左手下落按于左胯旁，右勾手变掌，经体侧向前划弧挑起，屈臂立于右腿上方，掌心向左，高与眼平；眼视右手。（图16-6）

图16-5　弓步挑掌

图16-6　提膝挑掌（定势）

【动作要点】

定势时腿稳立，上体保持正直、舒展；做左仆步时，左脚尖点地后稍微提起，收至右脚内侧再向下仆腿，脚尖内扣。做左仆步将将左脚尖（仆腿）与右脚跟（下蹲腿）踏在一条直线上。右腿屈膝提起与手上挑的动作要协调一致。

【易犯错误】

1. 做左仆步时，左脚内扣不充分且外侧翻脚掌，右脚跟离地；上体前俯过多，撅臀。
2. 做右勾手时，手未形成反勾手。穿掌手用力过大，手臂过直或过屈，耸肩。
3. 重心不稳，身体摇晃。挑掌与提膝动作没有同时完成。肘与膝的动作不协调。

【技击内涵】

假如对方用直拳向我击来，我用右勾手锁住对方手腕并下采，随即下势，用左手挑对方裆部，再用右手上挑对方下颌部，进而用膝部顶其胸腹部。

第十七式
右下势独立

拳名诠释： 在演练过程中，身体由高势到低势变换，右脚贴地伸出，称为"右下势"，又因独立步的姿态犹如"金鸡独立"，于是将二者合称为"右下势独立"。

①收脚勾手

右脚下落于左脚前，前脚掌先着地，随即上体向左转，左脚以脚掌为轴扭正；左手变勾手提举于身体左侧，勾尖向下，右手经胸前划弧立于左肩前，掌心向左；眼视左手。
（图 17-1、图 17-2）

图 17-1 收脚勾手 1   图 17-2 收脚勾手 2

②仆步穿掌

左腿屈膝下蹲，右脚沿地面向右侧伸出成右仆步；同时右手下落，经腹前沿右腿内侧向右穿出，掌心向外，左勾手不变；眼视右手。（图17-3、图17-4）

图 17-3　仆步穿掌 1

图 17-4　仆步穿掌 2

③弓步挑掌

以右脚跟为轴，脚尖略向外撇，重心前移，右腿屈膝前弓成右弓步，左脚尖内扣并后蹬，右腿自然蹬直，随即上体微向右转并向前起身；同时右手继续前穿并立掌向上挑起，左勾手内旋背于身后，勾尖向上；眼视右手。（图17-5）

④提膝挑掌

上体向右转，重心前移，右脚尖外展；右腿微屈独立支撑成右独立步，左腿提起与腰平，脚尖自然下垂；同时右手下落按于右胯旁，左勾手变掌，经体侧向前划弧挑起，屈臂立于左腿上方，掌心向前；高与眼平；眼视左手。（图17-6）

图17-5 弓步挑掌

图17-6 提膝挑掌（定势）

【动作要点】
独立支撑时，重心要稳定；做右仆步时，右脚应先点地，稍微提起后收至左腿内侧，再贴地向右侧伸出，脚尖内扣。其他要点与"左下势独立"相同。
【易犯错误】
1. 向左转身时，左右脚的重心转移没交代清楚。
2. 左勾手与右手划弧的动作不合拍，且右手向下划弧。
3. 其他易犯错误与"左下势独立"相同，唯方向相反。
【技击内涵】
技击内涵与"左下势独立"相同，唯方向相反。

第四章 二十四式太极拳动作名称及分解动作

第六组◎ 第十六式~第十七式

89

第七组

第十八式
左右穿梭

1. 右穿梭

①收脚抱球

身体微向左转，左脚向左前方落步，脚尖稍向外撇，右脚跟离地成半坐盘式；同时两手掌心上下相对在胸前做抱球状（左上右下），随即右脚收于左脚内侧，脚尖点地；眼视左前方。（图18-1、图18-2、图18-3）

②上步分手

上体微向右转，右脚向右前方上步，脚跟先着地；右手由下向前上方划弧至胸前，左手由上向下划弧至左腰前；眼视右手。（图18-4）

③弓步架推

上体继续向右转，重心前移，右脚踏实，右腿屈膝前弓成右弓步；同时右手翻掌上举架于头前右上方，掌心斜向上；左手由左下经体前向前推出，高与鼻平；眼视左手。（图18-5、图18-6）

2. 左穿梭

①收脚抱球

重心略后移，右脚尖稍向外撇，随即重心再移至右腿；左脚跟进，收至右脚内侧，脚尖点地；随着上体微右转，两手掌心上下相对在胸前做抱球状（右上左下）；眼视右手。（图18-7、图18-8）

拳名诠释：在演练过程中，以腰带动双手，左右旋转、连绵不断，犹如织布穿梭，故而得名。

图18-1 收脚抱球1　　　　图18-2 收脚抱球2

图18-6 弓步架推2（定势）

图 18-3　收脚抱球 3

图 18-4　上步分手

图 18-5　弓步架推 1

图 18-7　收脚抱球 1

图 18-8　收脚抱球 2

②上步分手

上体微向左转，左脚向左前方上步，脚跟先着地；左手由下向前上方划弧，右手由上向下划弧至右腰前；眼视左手。（图18-9）

③弓步架推

上体继续向左转，重心前移，左脚踏实，左腿屈膝前弓成左弓步；左手翻掌上举架于头前左上方，掌心斜向上，右手由右下经体前向前推出，高与鼻平；眼视右手。（图18-10）

图18-9　上步分手

图18-10　弓步架推（定势）

【动作要点】

上体自然正直、松腰松胯，不可前倾。弓步、推掌、架掌的动作要协调一致。做前推掌时，手先回收到肋前再随转腰顺肩向前推出；做弓步时，前后脚的横向间距保持在30厘米；定势时，上步脚在前方偏约30度。

【易犯错误】

1. 重心不稳，导致身体歪斜、前倾、撅臀。推掌时手过直且向前伸。在头上方架掌时手太高且耸肩。定势时，推掌与弓步不在同一方向。

2. 上步时，重心起伏过大。弓步与推掌的动作未协调一致。

【技击内涵】

假如对方向我面部劈拳而来，我一手架开对方的来拳，顺势用另一只手推击对方的胸腹部。

第十九式
海底针

拳名诠释：此式借"海底"以喻穴位；借"针"以喻掌指。形容掌指如钢针般插点对方要穴而得名。

①跟步落手

身体微向右转，右手下落经体前向后、向上提抽至右耳侧（耳根处），左手划弧下落至腹前，掌心向下；同时右脚向前跟进半步，左脚提起稍前移。（图19-1）

②虚步插掌

上体微向左转，重心移至右腿，向前俯身，左腿屈膝，前脚掌着地成左虚步，右手从右耳侧向前下方斜插，掌心向左，指尖斜向下；同时左手经左膝前划弧搂过，落于左胯旁，掌心向下；眼视前下方。（图19-2）

图19-1 跟步落手

图19-2 虚步插掌（定势）

【动作要点】

定势时，虚步前脚朝向前方，右脚向外撇约45度。右转后坐与右手向上提抽的动作要同步进行。斜插掌要松腰、松胯，力点在指尖。上体不可过于前俯。

【易犯错误】

1.定势时，右脚外撇不到位。插掌时，掌未从耳根处开始前推。斜插掌的朝向错为正前方或正下方。上体过于前俯、低头、耸肩、驼背。

2.跟步、转腰动作僵硬。插掌和虚步动作没有同时完成。

【技击内涵】

假如我被对方锁住腕部，我顺势一手下采，另一手斜插向对方的腹部或裆部。

第二十式
闪通臂

拳名诠释：在演练过程中，将脊柱比作扇子的中轴，将双臂比作扇子的扇面，双臂通过腰的转动前后展开，好似一把纸折扇张开，劲力十足，故而得名"扇通臂"，又称作"闪通臂"。

①收脚举臂

上体慢慢直立，微向右转，右腿屈膝支撑；左脚提起向前上步，脚跟轻轻落地；同时右手向内翻转，掌心斜向前，与左手虎口相对，两臂微屈撑圆。（图20-1、图20-2）

图 20-1　收脚举臂 1

图 20-2　收脚举臂 2

94

②弓步架推

上体继续向右转，左腿屈膝前弓成左弓步；同时两手前后分开，左手分至体前，高与鼻平，右手架于头右侧上方，两手掌心均斜向前；眼视左前方。（图20-3、图20-4）

图20-3　弓步架推1　　　　　　　图20-4　弓步架推2（定势）

【动作要点】

推掌时，前臂和前腿的动作要上下相对，手臂微屈，背部肌肉要伸展开。上体要立身中正，松腰、沉胯。弓步、松腰、推掌与架掌的动作要协调一致。"闪通臂"是顺弓步，前后脚的横向间距不要超过10厘米。

【易犯错误】

1. 左手推掌过直且向前伸，与弓步的脚不在一个方向，上体前倾、撅臀。在头上架掌的手太高，形成抬肘、竦肩。

2. 收脚时提膝过高。推掌与弓步的完成动作脱节。

【技击内涵】

假若对方直拳向我攻来，我用右手架挡化开，随即左掌推击对方的胸腹部或腋下。

第二十一式
转身搬拦捶

拳名诠释：此式根据运动方法而得名。有搬开、拦截对方的拳势，从而进步拳打之意。此乃"太极五捶"之一。

①转身扣脚
上体后坐，重心移至右腿；左脚尖内扣，身体转向右后方；眼平视右前方。（图21-1）

②转身握拳
重心移至左腿；同时右掌随转体变拳；右手经腹前向右、向下划弧至左肋旁，拳心向下，左手划弧上举于头前左上方，掌心斜向外；眼视右前方。（图21-2）

③上步搬锤
身体稍向右转，重心仍在左腿；右拳由外向内画圆（顺时针），经胸前向外搬锤撇出，拳心向上，高与肩平，肘微屈；同时左臂由左上方下落至左胯旁，肘微屈，掌心向下；眼视右手。（图21-3、图21-4）

图 21-1　转身扣脚

图 21-2　转身握拳（左：正面　右：反面）

图 21-3　上步搬锤 1（左：正面　右：反面）

图 21-4　上步搬锤 2　　　　　　　　图 21-5　上步拦掌 1

④上步拦掌

　　重心移至右腿；右脚随转体向外撇脚，随后全脚踏实；左脚提起向前迈步；同时左手由左胯旁上起平行划弧拦至体前，肘微屈，掌心向前；右拳翻转收至右腰间，拳心向上；眼视左前方。（图 21-5、图 21-6）

⑤弓步冲拳

　　上体微向左转，重心前移，左腿屈膝成左弓步；同时右手握立拳从腰间向前打出，肘微屈，拳眼向上；左手微回收，掌指附于右前臂内侧；眼视右拳。（图 21-7）

图 21-6　上步拦掌 2　　　　　　　图 21-7　弓步冲拳（定势）

【动作要点】

　　"右搬"与"左采"动作要连贯。转身要以转腰沉胯来带动上下肢。做冲拳时要沉肩坠肘，拳不要握得太紧，右肩随拳出击时略向前引伸。要注意重心的移动、脚的扣转、腿的屈伸。身体不可上下起伏、左右摇晃。虚步动作应做到位。

【易犯错误】

　　1. 做"上步搬捶"时，动作路线不清晰，手与脚的配合动作脱节。

　　2. 做"上步拦掌"时，只动手不动腰，划弧过大，手脚动作未同时完成。

　　3. 做冲拳时，拳往上挑，未与左手的掌心平行。

　　4. 重心起伏过大，身体前倾或后仰。

【技击内涵】

　　此招可用于连续攻击，可攻可防。假若对方直拳向我肋间攻来，我用"搬捶"打住；接着对方再用直拳攻来，我则用"拦掌"化开，进而用拳击对方之腰间或胸腹部。

第二十二式
如封似闭

拳名诠释：在演练过程中，双臂交叉回收，犹如挡住对方的进攻，为封住之势；翻掌下按，进而发放对方，又像关门之势，故而得名。

①穿手翻掌

左手一边翻转一边从右前臂下向前伸出，右拳松开变掌；两手慢慢回收，掌心向上；眼视前方。（图22-1、图22-2）

②后坐收掌

右腿屈膝，重心移至右腿，左脚尖翘起；同时两臂向后屈收于胸前，两手分开内旋翻转，掌心向下按至腹前，双手间距同肩宽；眼视前方。（图22-3、图22-4）

③弓步推掌

重心前移，左脚踏实，左腿屈膝前弓成左弓步，右腿自然蹬直；两手由腹前向上、向前推出，手与肩宽，掌心均向前；眼视前方。（图22-5、图22-6）

【动作要点】

身体后坐时，上体要保持自然正直，臀部不可撅起；两手回收时，要边收掌、边翻掌，切忌直着回收；按掌时，两手间距不超过肩宽，两掌平行向前，沿着弧线向前方推出，身体不可前俯。

【易犯错误】

1. 两手回收时，重心回移不够，致上体后仰、挺髋。两手间距比肩宽；按掌直来直去，下按时手出现"挽花"。

2. 手臂过于伸直或弯曲。转身时腰未转动，动作显得僵硬。

【技击内涵】

假若我双手手腕被对方锁住，我通过交叉双臂，翻腕下按脱开对方，进而用双掌推击对方胸腹部。

图22-1　穿手翻掌1

图22-4　后坐收掌2

图 22-2 穿手翻掌 2

图 22-3 后坐收掌 1

第八组◎ 第二十一式～第二十四式

图 22-5 弓步推掌 1

图 22-6 弓步推掌 2（定势）

第二十三式
十字手

拳名诠释： 此势以双臂合拢，两手在胸前交叉合抱，状如"十"字，故而得名。

①转体扣脚

上体向右转，重心右移，右腿屈膝后坐，左脚尖翘起；两手随着上体右转向右平摆划弧；眼视前方（图23-1）

②右转分手

重心继续右移；左脚尖内扣约90度，右脚尖外展屈膝成右侧弓步；同时两手由前向两侧分开，高与肩平；眼视右前方。（图23-2）

③侧弓落手

上体微向左转，重心慢慢左移，左腿屈膝成左侧弓步，右腿自然伸直，右脚尖内扣；眼视前方。（图23-3）

④收脚合抱

上体转正，右脚轻轻向左收回半步，随后全脚踏实；两腿微屈，重心放在两腿之间；两脚平行，脚尖朝前，与肩同宽成开立步；同时两手向下经腹前向上划弧，交叉停于胸前成"十字手"，右手在外，掌心均向内，两臂撑圆，手高与肩平；眼视前方。（图23-4）

图23-1 转体扣脚

【动作要点】

整个动作要平衡连贯，不要断劲。站立时身体自然正直，头要微向上顶，下颌略向后收。两手分开和合抱时，上体不要前俯；两臂合抱时要沉肩坠肘，切忌耸肩、夹腋，否则两臂不能撑圆。

【易犯错误】

1. 动作不连贯，中途停顿。后坐扣脚不充分。移动重心时上体歪斜、前俯，撅臀。

2. 收脚与合抱的动作不一致，耸肩、夹腋；两臂离胸口太近。

【技击内涵】

此招可用于防守。假若对方用直拳向我面部或胸腹部攻来，我双手挡开对方来拳，乘机用劲把对方发放出去。

图 23-2　右转分手

图 23-3　侧弓落手

图 23-4　收脚合抱（定势）

第二十四式
收势

二十四式太极拳 大众普及本

拳名诠释：收势，是整个套路的最后一个动作，是让自己的身体状态调整到静的状态，归乎无极，引气归元，故而得名。

①翻掌分手

两腿微屈，重心放在两腿之间；两臂内旋，两手向外翻掌，掌心向下；两手慢慢左右分开，与肩同宽；眼视前方。（图24-1）

②垂臂落手

两臂缓缓下垂，两手慢慢按于腹前，再落于大腿外侧；两脚全脚踏实，两腿慢慢直立；眼视前方。（图24-2、图24-3）

③并步还原

左脚轻轻提起，收至右脚旁成并立步；两脚平行，脚尖朝前；眼视前方。（图24-4）

图24-1　翻掌分手　　　　图24-2　垂臂落手1

【动作要点】
做"翻掌分手"时，两手要边分掌、边翻掌；做"垂臂落手"时，要全身放松；做"并步还原"时，左脚要点起点落，最后全脚踏实。

【易犯错误】
1. 重心不稳，身体左右摇晃。
2. 做"翻掌分手"下按时，手出现"挽花"。
3. 做"垂臂落手"，耸肩、抬肘、直臂下落。

【技击内涵】
技击内涵与预备式相同。以静御动。

图 24-3　垂臂落手 2

图 24-4　并步还原（定势）

参考文献

［1］　中华人民共和国体育运动委员会运动司.简化太极拳［M］.北京：人民体育出版社，
　　　　1956.
［2］　人民体育出版社.太极拳运动（增订本）［M］.北京：人民体育出版社，1995；1-92.
［3］　李德印，李德芳.太极拳剑标准教程［M］.北京：北京体育大学出版社，1999；1-57.

二十四式太极拳动作路线示意图

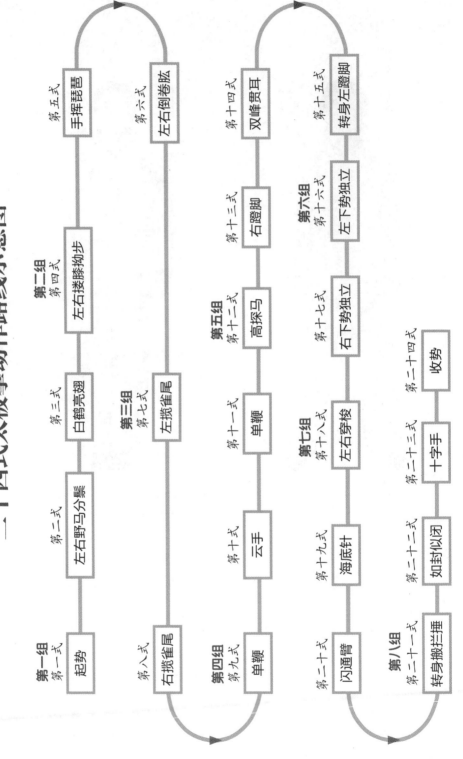

第一组
第一式 起势
第二式 左右野马分鬃
第三式 白鹤亮翅
第二组
第四式 左右搂膝拗步
第五式 手挥琵琶
第六式 左右倒卷肱
第三组
第七式 左揽雀尾
第八式 右揽雀尾
第四组
第九式 单鞭
第十式 云手
第十一式 单鞭
第五组
第十二式 高探马
第十三式 右蹬脚
第十四式 双峰贯耳
第十五式 转身左蹬脚
第六组
第十六式 左下势独立
第十七式 右下势独立
第七组
第十八式 左右穿梭
第十九式 海底针
第二十式 闪通臂
第八组
第二十一式 转身搬拦捶
第二十二式 如封似闭
第二十三式 十字手
第二十四式 收势